家族と会社を守る「不動産」「自社株」の相続対策

経営者新書

貝原富美子 KAIBARA FUMIKO
澤田美智 SAWADA MICHI

GENTOSHA
幻冬舎MC

はじめに

平成27年1月1日から施行される改正相続税法により、いよいよ大増税が間近に迫ってきました。

なかでも、今回の改正の柱となる「基礎控除の引き下げ」と「相続税率の見直し」は、課税対象となる人が増えるだけでなく、資産家の方に、さらなる税負担を強いるものといえます。

特に財産の大半を不動産や自社株が占めている方は要注意です。今回の増税により税負担が増えれば、納税資金がショートする危険性が高まります。それでなくとも、不動産や自社株の相続については、従前から納税資金対策は大変な難題となっていました。

被相続人が生前に対策をしていなかったため、相続人が財産を相続した後、納税資金捻出のため、大切な自宅を売却したり、預貯金を失ったりと、結果的にマイナスになってしまい本末転倒という例も少なくありません。

実際に、私たちがお受けする相談のなかで、もっとも相談件数が多く、トラブルになる可能性が一番高いのも不動産と自社株です。

それ故に、この2つは相続における「二大要注意財産」といえますが、そのリスクは一般的にはあまり認知されていないように思います。

本書で私たちが不動産と自社株の相続だけを取り上げている理由もその点にあります。

みなさんは、この二大財産に潜む数多くの問題点を把握された上で、実行可能な相続計画を立てているでしょうか？　もし少しでも不安を感じるなら、次に挙げる3つの質問について考えてみてください。

「お持ちの不動産や自社株について、今現在の評価額を知っていますか？」

「相続計画について、相続人全員の意思確認はできていますか？」

「改正相続税法に沿った相続対策について、専門家に相談してみましたか？」

1つでも「ノー」があるなら、ぜひ本書を読んでみてください。

1つ目の問いは、まさに不動産・自社株が抱える問題の出発点です。

預貯金や有価証券などはその評価額が日常からはっきりわかっているのに対し、不動産と自社株は評価方法が複雑なため、相続税が課税される瞬間まで、納税資金がいくらあれば足りるのかがわかりません。

この金額の試算なしに、相続計画は立てられません。この時点で答えが「ノー」ならば、まったく計画を持っていないことになります。

2つ目と3つ目の問いは、お持ちの計画が本当に実行可能かどうかを確認するものです。不動産や自社株については、「先祖代々の土地は残したい」「自分は後継者なので、円滑な事業継承のために自社株は全て相続したい」と考える相続人がいる一方、「不動産は売却し現金化したい」「自社株は時価で買い取ってもらいたい」と考える相続人もいます。

さらにいずれの資産にも、「分けてしまうと運営や経営がうまくいかなくなり、価値を失ってしまうことがある」という特性が潜んでおり、平等に分けることは困難です。

こういったことから、相続人全員の意思確認をしていない場合は、「争続」に発展する危険性が大変大きいものといえます。

トラブルを避け円滑な相続を実現するためには、適切な専門家への相談と、改正税法を見据えた新たな相続計画を立てて、3つ目の問いにも「イエス」と答えられる準備をぜひとも整えてください。

本書では、その一助となるよう、不動産と自社株に絞って、相続に必要な知識や考え方を紹介しています。

不動産や自社株評価額の算出は、一般の税務専門家にとっても難解で、高度な知識とノウハウを要するものです。ですから、税理士として長年、不動産と自社株の相続問題を専門的に解決してきた私たちが、実際にあった事例を紹介しながら、わかりやすく解決策を提示していきたいと思います。

最後までお読みいただければ、あなたの抱える問題が整理され、明らかになるとともに、解決への適切な道筋が見つかるはずです。ぜひ参考にしてみてください。

家族と会社を守る「不動産」「自社株」の相続対策　目次

第二章「不動産」の正しい節税法と残し方　33

第一章　あなたの築いた財産が、相続トラブルのもとになる

家族のために残した財産にトラブルの火種

財産をめぐり、それまで仲の良かった兄弟姉妹が激しく争うことに……悲しいことですが、相続ではこんなトラブルが当たり前のように発生してしまいます。

先祖代々受け継がれてきた土地や両親が築き上げた事業など、子どもや孫の幸せにつながる、と信じて守ってきた財産が家族の絆を壊してしまう悲劇を、私たちは数多く見てきました。

こういったトラブルはある意味、「起こるべくして起きている」ともいえます。「仲良く幸せに……」という親の思いとは裏腹に、成人した子どもたちにはそれぞれの事情や思いがあるためです。

その昔、日本では「父親の財産はそのほとんどを長男が受け継ぐもの」というのが常識でした。民法にも「長子単独相続」の規定があり、家屋敷や田畑、預貯金まで、大半を長男一人で相続するのが、当たり前のことだったのです。

その代わりに先祖の供養、老親の介護などを長男夫婦が一手に引き受けるわけですから、ある意味では公平と思われていました。

ところが、終戦後の１９４７年に民法の大改正があり、相続についても兄弟姉妹が均等に分け合う「均分相続制」が導入されました。

一見「これぞ公平な制度」に見えますが、現実に運用してみると、実感は違います。兄弟姉妹の立場や、親との関わり方などはそれぞれ異なるためです。むしろみんな同じだけもらうことが「公平」とは感じられないケースの方が多い、といえるかもしれません。

それなら誰がどれだけもらえば全員が納得できるのか……相続人同士で話し合って合意できればよいのですが、事はそう簡単ではありません。

核家族化が進み、家族の絆が薄れる中、そういった思いをお互いにぶつけ合う機会は減っており、相続が発生して初めて、本音が語られることも少なくありません。

ご兄弟姉妹がいる方は、家族間で相続についての考えを話し合ったことがあるか、思い返してみてください。

「本音をしっかり語り合ったことがある」という方はたぶん少ないはず。かつての「常識」がなくなってしまった今、さらにしっかりと思いや考えを伝え合う必要が高まっているにもかかわらず、お互いが思っていることを昔より理解できていないのです。

たとえば老親と同居して面倒を見てきた長男夫婦は、一昔前と同じように、やはりその住まいを相続したい、と考えているかもしれません。今日でも、介護などの苦労には重いものがありますから、長男夫婦にすれば、「当然のこと」という思いがあるでしょう。

ところが別世帯として暮らしている弟や姉、妹からは「生活費やお小遣いをもらっていた」「旅行や外食の費用も親が出していた」「車を買ってもらったこともある」など、優遇されていた面の方が大きいので相続で配慮する必要はない、と見られていることもあります。

長男が親の事業を手伝っている場合などにも、同様のすれ違いは起きがちです。後継者になるため頑張ってきた長男には「職業を選ぶ自由を犠牲にした」という思いがあるかもしれませんが、他の兄弟姉妹には、「他人の中で働く苦労をせず、一般のサラリーマンより多い給料をもらってきた」と感じられることもあるでしょう。

日頃は表に出ないそんな思いがぶつかり合ったあげく、収拾がつかなくなれば、泥沼の訴訟合戦に発展することも珍しくありません。

とても残念なことですが、家族のためを思って残す財産には、もしかしたら「争続」を引き起こすかもしれない火種が潜んでいることをしっかり認識しておいていただきたいのです。

放っておくと負を招く二大要注意財産

相続で課税対象となる資産は、預貯金をはじめ、株や投資信託などの金融資産、さらに生命保険や死亡退職金など、実に多様です。こういった資産は、基本的にはそのままの状態でも特に大きな問題につながることは少なく、対策も比較的わかりやすいのですが、「不動産」と「自社株」は違います。放っておくと、相続時に負を招きかねないのです。

というのも不動産や自社株は、多くの場合、相続財産として評価額が大きくなるからです。それにもかかわらず、どちらも日常的にその価値を把握しておくことが難しいため、相続を迎えて初めて「納税資金が足りない！」ということで、相続人が途方に暮れるのです。

加えてこの2つの財産には、相続人の間で均等には分けにくく、無理に分けてしまうとその価値がなくなってしまう、という厄介な特徴があります。

「相続税の納税」と「関係者全員が納得できる分配」という相続最大の課題において、他の財産に比べ、格段に大きな困難を抱えているのです。

こういったことから、事前にしっかりとした相続対策を練っておかないと、簡単に負の財産となって、残された家族を苦しめる危険性が本当に高いのです。そんなケースを具体的にご紹介してみましょう。

大切な財産にもかかわらず足を引っ張る先祖代々の土地

不動産には被相続人の代で取得されたものがある一方、先祖代々受け継がれてきたものもあります。相続のトラブルについて考えるなら、後者の方がより深刻な問題が発生しやすい、といえるかもしれません。

手放せないという思い入れが強い分、収益が悪かったり、活用しづらい物件なのにそのまま承継されていたりする可能性が高いためです。

そんな代表例に借地契約を結んでいる貸地があります。

古くから借地人が住んでいる物件では、古い契約がそのまま継続されており、賃料も低いままでほとんど更新されていないケースがよく見受けられます。固定資産税などのコストを支払うと、わずかの収益しか残らない、という状態のまま放置されている物件も少なくないのです。

ところがそんな土地にもかかわらず、いざ相続するとなると、立地によっては評価額も高く多額の相続税が課されてしまいます。

あわてて納税資金をまかなうためにこの土地を売却しようと思っても、借地契約があるため、買い手はほとんど見つかりません。結局、その土地のために、他の優良な土地を手放すことになってしまう、というケースに私たちも何度か出会ってきました。

賃貸事業用不動産の相続

愚かであることを表す言葉に、「たわけ」というのがあります。相続のたびに「田を分ける」と、農地が小さくなり、効率が悪くなって家が衰退してしまうことから、バカげた言動などをこう呼ぶようになったのだとか。

この言葉が示す通り、不動産を分けてはいけない、というのは昔から常識だったようです。時代が変わっても同じです。たとえば賃貸用のマンションやアパートといった不動産を分けると、相続人同士でその都度相談する必要が出てきます。

「リフォームした方がいいのか」「管理会社は今のままでいいのか」「新たに資金を借り入れて大規模なリノベーションをした方がいいのではないか」など、賃貸経営を行う上で適切かつスピーディーな判断を求められることは多々あります。

そのたびに意見をすり合わせていては、迅速で適切な対応ができず、近隣のライバル物件との競争に負けてしまうかもしれません。

分割が難しい事業用不動産

事業用の不動産の場合、分割の問題はさらに深刻です。事業を受け継ぐ人以外の相続人が、本社ビルや工場などの所有権を一部でも保有することになれば、後々大変厄介なことになってしまいます。

「会社の経営資金調達のため、銀行が担保設定を行う」「社屋を建て直す」などの展開をしたい、と後継者が考えたときにも、名義人全員の同意が必要となるため、効率的な経営ができなくなってしまいます。

その一方、「分けられないなら相続分に見合う現金を」と後継者以外の相続人から要求があっても、現実的には対処することがとても困難です。早くから相続に関する手続きを進めておかないと、かなり高い確率で、このようなトラブルが発生するため、事業に使用している不動産の相続は、とても難しいのです。

自社株の分配で訴訟、会社は迷走

もともとトラブルの対象になりやすいのが自社株なのですが、「相続財産の50％以上を自社株が占める」という場合には、その危険性がさらに高くなります。

というのも、スムーズな事業承継を目的とする相続と、民法に定められた「兄弟姉妹はみんな同じだけ相続しましょうという規定（均分相続）」は、ある意味、大きく矛盾するからです。

経営権のもととなる自社株は会社の継続・発展の根幹となるものです。

競争が厳しい実業の世界で勝ち抜いていくためには、できるだけ会社の資産と経営権を後継者に集中することが望ましいのです。

また、兄と弟というように相続人のうちの二人以上が会社の後継者となるときの課題もあります。「持株数の配分」「役員の構成」「相続を機に兄弟で別の会社としてスタートする方がいいのか」等、相続税以外にも話し合わなければならないテーマが多くあります。

自社株の相続対策ができていなかったため、会社の後継者問題で「お家騒動」が起きる――マスコミでも時々報道されています。取引先に不安視され、金融機関の信用も失墜、従業員にまで愛想を尽かされれば企業としての存続さえも困難になるでしょう。

上場をしていないいわゆる「自社株」は一般の流通市場がありません。相続財産の内容や分け方によっては、その会社を承継する相続人が他の相続人に対して資金負担をしなければならない事態が生じることもあります。その資金の準備まで考えた対策が求められるのです。

後継者がいない会社の自社株

少子高齢化が進むなか、多くの中小企業では後継者の確保が大きな問題になりつつあります。

手塩にかけてきた会社ですから「自分の退任後も長く繁栄してほしい」というのは多くのオーナー社長に共通する願いです。そのために、できれば子どもに後を継いでもらいたい、と望むのは自然なことでしょう。

以前であれば、子どものうち誰を後継者にするかを悩むケースが多く見られました。真面目な長男に継がせるか、経営の才能に恵まれた次男に継がせるか、それとも……というのがよくある悩みだったのです。

ところが近年では逆に、子どもがいない、あるいはいても後を継ぐことを嫌がっている、などといった悩みを抱える方が増えています。

中小企業では、廃業する企業の過半数が、後継者難を理由にしている、というアンケート調査も見られるほどです（中小企業庁委託「中小企業の事業承継に関するアンケート調査」

平成24年11月)。

こういった事情から「事業を受け継いでくれる子どもがいないなら、自分とともに会社を育ててきた従業員に承継させたい」と考えるオーナー社長も多いのですが、これにもいくつかの問題があります。まず、オーナー社長の眼鏡にかない、経営者として会社の内外から信頼される人材が社内にいなければなりません。

幸運にも、「この従業員ならば!」と期待できる人材がいたとしても、その人が後継者になることを承諾してくれるか、という問題もあります。

実際、従業員の側から見ると、オーナー社長から事業を受け継ぐことは、簡単ではありません。

後継者になるにはまず、経営権を握れるだけの自社株をオーナー社長から買い取る必要があり、そのための資金を用意しなければなりません。状況によっては、工場などの事業用資産も買い取る必要がありますから、事業を承継するために要する資金は莫大です。

もうひとつ、こういった資金の負担とは別の方向でも、やはりお金の問題があります。会社の借り入れに関わるものです。

オーナー社長が一代で興した会社では、社長自身が会社の借り入れについて、個人保証しているることがよくあります。社長個人が会社の保証人になることで、金融機関から資金を融資してもらっているのです。

従業員が事業を承継するなら、この保証も肩代わりする必要がありますが、簡単なことではありません。保証人となっている先代社長は、自身の保有する土地などを担保にしていることが多いためです。

子どもなどが後継者になるときにはたいてい、自社株に加え担保である土地も一緒に相続しますが、相続権のない従業員は担保となっている土地を譲り受けることができません。新たに担保となるものを探すよう求められる上、そもそも銀行から保証人として認めてもらえるかどうかもわかりません。

リスクが大きいだけに、従業員の配偶者が賛成してくれるか、ということが問題になることもあります。

子どもの場合と違って、相続という形で資産や自社株を譲れない従業員を後継者にすることは、かなりハードルが高く、難しいことなのです。

怖い！　素人判断は多額の追徴課税を招く

ここまでは相続する財産の性格から、不動産と自社株のリスクを強調してきました。

一方、トラブルの原因になりにくい、いわゆる「優良財産」も、相続の際に「負の財産」に転じてしまうことがあります。

それはうっかり相続財産が申告から漏れてしまった場合です。過少申告加算税や延滞税（いわゆる追徴金）などが課されると、せっかくの優良財産の価値が大きく減少してしまいます。

相続税の申告をするときには、被相続人の財産すべてを記載する必要があります。現金や預貯金、生命保険、有価証券、死亡退職金などはよく知られているところですが、その他にも貸付金や建物更生共済、相続開始前3年以内に生前贈与された財産なども含まれます。

さらに、特に気をつけていただきたいのが、相続人名義の預金です。国税庁が発表している資料によると、平成23年7月~平成24年6月までの申告漏れ財産では、現金・預貯金が36・2％と圧倒的に多く、次いで土地16・0％、有価証券16・0％となっています。

現金・預貯金の申告漏れがここまで多いのは、「被相続人以外の名義の預金は申告しなくてもいい」と誤解されていることが多いためです。

被相続人の預金から子どもや孫の預金へ移されているものは、正規の贈与手続きをとっていない場合には相続財産とされることが多いので注意してください。

このように課税対象となる財産の種類はとても多いので、被相続人しか知らない財産や、相続と無関係と思い込んでいるような財産が、申告から漏れることのないようにしなければなりません。ご遺族でまた相続を専門とする税理士にも依頼して、残された書類・通帳などを綿密に見直す必要があります。

[図 1] 相続税・贈与税の計算方法

相続税の基礎控除額

平成 26 年	5,000 万円＋ 1,000 万円×法定相続人数
平成 27 年 1 月 1 日以降	3,000 万円＋ 600 万円×法定相続人数

$$\text{法定相続分に応ずる各人の取得金額} = \left(\text{相続税の課税価額} - \text{相続税の基礎控除額}\right) \times \text{各人の法定相続分}$$

相続税の速算表

法定相続分に応ずる各人の取得金額		税率と控除額			
		平成 26 年		平成 27 年 1 月 1 日以降	
	1,000 万円以下	10%		10%	
1,000 万円超	3,000 万円以下	15%	50 万円	15%	50 万円
3,000 万円超	5,000 万円以下	20%	200 万円	20%	200 万円
5,000 万円超	1 億円以下	30%	700 万円	30%	700 万円
1 億円超	2 億円以下	40%	1,700 万円	40%	1,700 万円
2 億円超	3 億円以下			45%	2,700 万円
3 億円超	6 億円以下	50%	4,700 万円	50%	4,200 万円
6 億円超				55%	7,200 万円

贈与税の速算表

基礎控除後の課税価額		税率と控除額					
		平成 26 年		平成 27 年 1 月 1 日以降			
				一般の贈与		20 歳以上の子や孫への直系尊属からの贈与	
	200 万円以下	10%		10%		10%	
200 万円超	300 万円以下	15%	10 万円	15%	10 万円	15%	10 万円
300 万円超	400 万円以下	20%	25 万円	20%	25 万円		
400 万円超	600 万円以下	30%	65 万円	30%	65 万円	20%	30 万円
600 万円超	1,000 万円以下	40%	125 万円	40%	125 万円	30%	90 万円
1,000 万円超	1,500 万円以下	50%	225 万円	45%	175 万円	40%	190 万円
1,500 万円超	3,000 万円以下			50%	250 万円	45%	265 万円
3,000 万円超	4,500 万円以下			55%	400 万円	50%	415 万円
4,500 万円超						55%	640 万円

$$\text{贈与税額} = \left(\text{贈与を受けた財産の価額} - \text{基礎控除額 110 万円}\right) \times \text{贈与税率} - \text{速算表控除額}$$

相続税申告と専門家選びの落とし穴

事業の承継・個人資産の相続、どちらも重要な課題です。選択や方策を誤れば大きなものを失ってしまう恐れさえあります。一方で相続税の対策ももちろん重要です。中・長期にわたって適切な対策を実行することにより、税金の負担も大きく削減されることが期待できます。

これらを検討・実行するには、やはり専門家のアドバイスが必要でしょう。しかし、私たちは長年この業務に携わっているなかで明らかに専門家の判断ミス・不確実な情報で処理されている例を見ることも少なくありません。実際に、次のような例がありました。

○娘は他家に嫁ぎ、親の会社の事業は45歳の息子が引継ぎ、役員として従事している。それにもかかわらず、その会社の自社株を他家に嫁いだ娘に多数相続するよう専門家がアドバイスしたので実行。その後、後継者の息子は事業を発展させ、株価は高くなってきている。現在、自社株を引き継いだ娘も高齢になりこの自社株のための相続税を心配している。

なぜ、相続人はこのような判断をしたのでしょうか。

まず、会社が取引をしている金融機関から相続税申告のアドバイスをすると言われ依頼しました。その後、金融機関から紹介された税理士と相続人とはあまり打合せもないまま申告書が作られました。専門家と金融機関の決めたことだから、と相続人は言われるままに申告書に押印。結果的にこのようなことになるとは思わなかった、とのことでした。

○父親が死去し、父親名義の居住用不動産を母親が3分の1相続。結婚して非同居の子ども2人がそれぞれ3分の1ずつ相続した。母は元気だが高齢なので1年以内に子どもの家に引っ越し、亡くなった父親名義の居住用不動産は早々に売却予定であることを事前に税理士に伝えていた。後にこの家を売却した際、すべて母親名義であればほとんど税金を納めなくてよかったにもかかわらず、共有の相続としたために多額の税金を負担した。
税理士は二次相続を考えて子ども名義にすることを強くすすめたそうですが、実は、母親の相続財産は多くなく、相続税の納税はないはずということをその税理士にも伝えていたのにと残念がっておられました。

専門家に相談したにもかかわらず、このように不本意な結果を招いているケースが多く見受けられます。

専門家を選ぶ際は、税金だけでなく相続に関する関連法規・手続きの理解、企業会計にも実務対応のできる専門家、弁護士等のネットワークも活用できる専門家を選ぶことをおすすめします。選択の際は、次の要点を参考にしてみてください。

①　相続の相談についてはとくに、「税理士は誰でも同じ」だと考えないでください。

②　自身の相続について、直接専門家が責任を持って対応してくれる体制がありますか。「看板」（大規模な事務所、有名な金融機関の紹介等）を過信しないでください。

③　きちんと話を聞いてくれますか。専門家が意見を押しつけすぎていませんか。

④　初回だけ立ち会った後は経験の少ない部下や外部の税理士に処理させていませんか。

⑤　初歩的なことでも、質問・疑問を遠慮なく言える専門家ですか。

ご自身と専門家の二人三脚で相続問題、相続税対策を実行するというくらいの心づもりで、知識と経験、そして誠実な姿勢でアドバイスをしてくれる専門家を選んで下さい。

第二章　「不動産」の正しい節税法と残し方

相続問題の原因は不動産が大半

相続のご相談を受けていると、相続問題＝不動産問題と思えてくることがあります。相続財産に占める不動産の割合が大きい、ということもありますが、加えて不動産には準備しておかなければならない問題が、非常にたくさん隠れているためです。

誰がどの不動産を相続するのか？

相続した人は相続税の納税資金にあてる、預金や現金を持っているのか？

相続した不動産の活用や管理ができるのか？

その他にも不動産には、事前に検討しておかなければならないことが数多くありますが、だからといって面倒だから処分してしまおう、というわけにもいきません。多くの場合、不動産は次の世代に承継するため、先祖や親たちが大切に守ってきた財産だからです。

そんな不動産には、どのようなものがあるのでしょう？　主なものを並べてみると、次のようになります。

○被相続人が住居として使用している土地・家屋
○被相続人が経営する事業に使用している土地・家屋
○賃貸住宅など不動産賃貸業を経営している土地・家屋
○借地契約を結んで賃料収入を得ている貸地
○青空駐車場
○田、畑
○子どもが住む住宅の敷地

不動産のタイプによって抱えている問題は異なります。この章ではご理解していただきやすいよう、私たちが実際にご相談を受けた不動産の事例から、代表的なケースを挙げて、ご説明していきたいと思います。

事例1　空きの多い青空駐車場と貸家

最初にご紹介するのは、「収入が少なくなっているにもかかわらず、特に対策をとることなく放置されている青空駐車場や貸家」です。トラブルの原因となる不動産はとても多様ですが、中でも相談を受けることがもっとも多いケースです。

大阪府東大阪市に青空駐車場と貸家、さらにまったく活用していない空き地を所有している地主のAさんは、そんな例の典型でした。夫に先立たれたAさんは長男、長女と3人で暮らしていました。

【概要】

青空駐車場
所在地：大阪府 東大阪市
面積：500㎡
用途地域：第一種住居地域

駐車場収入：144万円（年間）
相続税評価額：5000万円
備考：青空駐車場として10台分の区画を月極で貸し、賃料収入を得ている。若者の車離れが進んでおり、近年では区画の半分程度しか埋まらない。

貸家・土地
所在地：大阪府 東大阪市
面積：990㎡
用途地域：第一種住居地域
賃料収入：360万円（年間）
相続税評価額：1億5000万円（土地）・1000万円（建物）
備考：広い土地の一角に貸家を建てて家賃収入を得ているが、それ以外の土地については更地のまま利用されていない。貸家は築30年以上と古く、修繕費の負担が大きい。空室も多くなり、家賃を値下げして空室対策をしている。

相続人：子ども2人

【問題点】

・青空駐車場や、更地は固定資産としての評価額が高いため、固定資産税・都市計画税、さらには相続税も高額になる。
・駐車場や空き地は自用地として100％の評価額となり減額されない。
・土地が有効活用されていないので、収益が少ない。
・先祖代々受け継いできた土地に愛着があり、手放せない。

曾祖父の代から受け継がれてきたこともあり、Aさんはこれらの土地に対して、とても強い思い入れを持っておられました。

ただ経営については、古くから続けてきたやり方をそのまま引き継いでいるだけで、時代の変化に対応する工夫などは、特に考えていなかったとのこと。

少し厳しい言い方になりますが、このように「利用度が低いまま放置されている不動産」

［図 2］ A さん所有の不動産

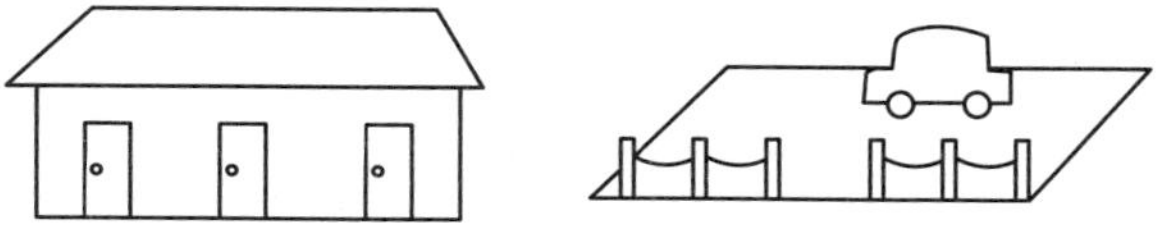

空きの多くなった貸家・空き地

所在地：大阪府東大阪市

面積：990 ㎡

用途地域：第一種住居地域

賃料収入：年間 360 万円

相続税評価額：1 億 6,000 万円

青空駐車場

所在地：大阪府東大阪市

面積：500 ㎡

用途地域：第一種住居地域

賃料収入：年間 144 万円

相続税評価額：5,000 万円

⇩

賃料収入	年間	計 504 万円
管理費・修繕費 固定資産税・都市計画税	年間	計 400 万円
所得		104 万円
相続税の試算結果		2,950 万円

は、知らないうちに「負の財産」になってしまう危険性がとても高い物件です。土地や建物などの不動産は、それぞれが役割を果たしてこそ、価値のある財産といえます。「住居として快適に住める」あるいは「事業や賃貸業などで一定の収益を上げている」というように役立っていなければ、現在の所有者にとっても、後に相続する人にとっても、コスト負担ばかりが大きい「負の財産」と判断すべきです。

問題の不動産について調べてみると、駐車場からの収入は年間144万円程度。貸家からの収入は360万円程度となっていました。これに対して、管理費や修繕費などに固定資産税・都市計画税を加えたコストは、年間約400万円にのぼります。

駐車場や貸家からの収入が先細りになるなか、赤字になってしまう年度が時々見受けられるほど、経営は悪化していました。

いったいどうしてそんなことになってしまったのでしょう?

まず、コストがひどくふくらんでいたのは、不動産に対する固定資産税と貸家の修繕費等の費用が原因でした。

さらに、青空駐車場や貸家があるこの地域は、近年住宅地として人気が高まっていたため地価が高騰。固定資産税も上昇していたのです。さらに古い賃貸物件はあちこちが傷み始めており、修理費がかさむばかり。

一方、そんな高コストの不動産から上がってくる収入が、じり貧状態になってしまったのは、「若者の車離れ」「賃借人の好みの変化」など、個人の経営努力では押し返すのが難しい、社会全体の大きな流れが、原因でした。

まさに負の財産の典型、といえそうな例ですが、こういった不動産が抱える問題は、日常的な収支の悪さだけではありません。

相続の際には、多額の相続税が課税されてしまう、という問題も潜んでいるのです。

Aさんが保有する不動産の評価額を算出し、相続税を試算してみたところ、なんと約3000万円にものぼるという驚きの結果が出ました。収益の極端に悪い不動産が主な財産なのに、相続発生時には、それだけの納税資金が必要になります。

先祖が残してくれた大切な土地である一方、相続人にとっては、相続税の負担が大きすぎるため、相続の際には途方に暮れてしまう負の財産になってしまうのです。

こういったケースは、実は決して珍しいものではありません。

これらの不動産には、「意外に高く評価されがち」という共通点があるためです。たとえば青空駐車場は設備投資が少なく、転用が簡単なため、土地の中ではもっとも評価額が高い「更地」と同じ扱いになります。収入が悪くても、相続税評価額はとても高いのです。土地をお持ちの方は、所有されている土地の現状と将来性について強い関心を持ち続けていただくべきでしょう。

また「市街化調整区域」に指定されている土地は開発が制限されるので、評価額が低めに抑えられています。しかし指定が外されたときには、評価額は急上昇します。

解決策　土地を有効活用し相続税を下げる

Aさんのケースでは、収入が減り相続税の負担に耐えられない負の財産から、価値のある財産に生まれ変わらせることへの対策が求められました。建設会社からの提案でこの土地に新しくアパートを建てて有効活用することにしたのです。

建築資金2億5000万円は、全額を借り入れでまかなうことにしました。試算してみると、家賃収入で月々の返済を行い、経費を支払っても、手元にはさらに生活費として活用できる資金が年間280万円も残る、という結果が出ました。

また相続税も青空駐車場と貸家のままなら相続税が2950万円も課税されたところをアパート建築によりこれをゼロにすることができたのです。

この対策はポピュラーな相続税対策ですから、Aさんと同じような遊休地を抱えている方のなかには、建設会社や銀行などから同様の活用プランを提案されたことのある方も多いと思います。

一見するといいことずくめに思える提案ですが、決断するにはかなりの勇気が必要です。今まで経験したことのない多額の借金をして、新しい事業を始めるわけですから、「念には念を入れて、効果とリスクを確認したい」と考えるのは当然のことです。

まずはじっくり話を聞いてから……とお考えなら、気をつけていただきたいことがあります。

遊休地の活用プランを提案する人たちは、多くの場合、「効果」については多分に語りますが、「リスク」についての説明はそれより少ない、ということです。

［図 3］ 土地活用プランの概要

貸家＋駐車場の敷地に賃貸用住宅を建築。相続税が軽減。

		対策前	対策後
評価額	土地	20,000 万円	16,400 万円
	建物	1,000 万円	9,450 万円
	借入金	—	△25,000 万円
	合計	21,000 万円	850 万円

毎年の家賃収入 1,200 万円

相続税　2,950 万円　　相続税　0 円

土地活用による節税効果を机上で試算してみると、たいていのケースでは「大きな節税効果が望める」という結果が出ます。

ただし、ここでご注意いただきたいのは、これはあくまで「賃貸住宅の経営がうまくいった場合」の試算だということです。

Aさんのように土地を担保として銀行から資金を借り入れるとき、たいていの返済計画では賃料で返済することを予定しています。つまり、一定以上の入居率を想定して、そこから上がる賃料を返済にあてることで、他の収入や資産から流用しなくても、賃貸住宅の建築費を支払える、という計画になっているのです。

その計画で想定している通りの入居率を達成できれば問題ありませんが、もし大きく割り込んだ場合には、どうなるでしょう？

計画は根底から崩れ、銀行への返済はたちまち滞ってしまいます。そのまま入居率を回復できず、最終的に「借り入れたお金が返せない」という事態に陥れば、担保にした土地を金融機関に没収されることになります。

円滑な相続のために節税を行ったはずが、その土地を失うことになるのです。

そんなリスクを考えると、じり貧状態に陥っていても「やっぱりこのままでいい」と有効利用をためらう地主さんが多いのも当然かもしれません。

〈ポイント〉賃貸用住宅建築を決断するための判断材料

賃貸用住宅建築による相続税対策の効果とリスクをどう判断すべきか、個別に事情が異なるため、単純な判断はできないのですが、迷っている方は次のような点に注意しながら、検討している計画をチェックしてみてください。

①　5年後、10年後など将来の家賃収入について、その額と確実性を見通せていますか。特に建築資金の大半を借入金でまかなう場合は、慎重に中・長期の家賃収入を予測してください。

②　高額の建物ほど、相続税の圧縮効果は高いですが、メンテナンス費用も大きくなるので、それに充当する資金が準備できるかを検討する必要があります。事業計画の中に、このための資金準備が盛り込まれていますか。

③　建築した賃貸用住宅と、それに付随する借入金を承継する相続人は決まっていますか。共有を避けるプランとなっていますか。

④　建築を請け負う会社の姿勢や永続性が信頼できますか。賃貸用住宅の建物は長く良い状態で保つ必要があります。派手な広告や建築費だけを基準に選ぶのは危険です。

⑤　近隣の賃貸市況は確認しましたか。地元の物件紹介会社から、生の情報を引き出すことができれば、確実性の高い判断ができます。

⑥　建築による相続税の減税効果はどれくらいですか。
資産税専門の税理士に相談し、種々の思惑が入らない、正確な数字を知った上で判断することが大切です。

リスクばかりを考えすぎると、対策はなにも進みませんが、あまり短期間で決断するのも危険です。金融機関や建築業者から与えられた情報だけに基づいて判断するのではなく、ご自身が動いて情報を集め、複数の専門家に相談するとよいでしょう。

〈ポイント〉土地有効活用の決断はいつまでに？

相続税対策を行う上で、決断する時期は非常に重要です。タイミングが合わないと、「せっかく対策を行ったのに効果はゼロ」ということもありえます。

ご紹介しているAさんのケースでは、信頼できる建設会社からの提案であり、実際に賃貸マンションを建設することになりました。Aさんはそのとき、御年75歳。旦那様には先立たれていたため、お子さま2人が相続人になる予定でした。

相続税を納税した上で、先祖伝来の土地を子どもたちにしっかり受け継いでもらえるか、とても心配していたAさんですが、賃貸マンション建築により、問題解決の目処が立ったため、ようやく安心できたご様子でした。

ところがここで、思わぬ事態が発生しました。マンション竣工の直前に、Aさんが脳溢血で急死してしまったのです。

賃貸用建物の節税効果が発揮されるのは、実際に賃貸事業が始まった後のことです。相続開始までに建物が引き渡されるだけでなく、実際に入居者との「賃貸借契約が成立」していなければ、各種の節税効果は生まれません。

つまり被相続人の年齢や健康状態が、相続税対策を行うタイミングを考える上で、重要な要素となるのです。

Aさんのケースでは、賃貸マンション建設の最中に亡くなったため、期待した節税効果を得ることはできませんでした。

建物はその後、無事に完成し、遺族は家賃収入を得ているものの、肝心の相続税対策には、まったく寄与しなかったのです。

対策は適切だったのに、取りかかる時期が遅すぎたことは、なんとも残念でなりません。

Aさんが相続税対策を考え始めてから、賃貸マンションが完成するまでには、約2年の歳月がかかりました。貸家の取り壊しが必要だったため、借家人の退去など、解決に時間を要する問題が、意外に多く発生したことが原因でした。

古くから保有している不動産では、たいていは同じようにいくつかの問題を抱えているものです。有効活用したい土地に貸家が建っていれば、立ち退き交渉が必要です。古くから住んでいる借家人には高齢者も多く、「退去にあたって資金援助するから」など、かなり有利な条件を示しても、なかなか立ち退いてもらえないこともあります。

このように、「賃貸借契約成立」までには意外に長い年月を要するのです。期間の目安は次のようになります。

・現在の建物に入居者があれば、明け渡し交渉＝3～6カ月
・建物の取り壊し
・役所への申請・許可
・融資審査
・建設会社との打ち合わせ
（以上4項目＝3～4カ月）
・建築着工～竣工＝4～6カ月
・入居者の募集～入居開始＝2～3カ月

個別の事情にもよりますが、地主の方が意思決定されてから、節税効果が生まれるまでには、平均して2～3年は必要です。慎重な検討は必要ですが、タイミングを逸しては相続税の節減という結果は得られないことになりますので、被相続人の年齢、健康状態などを見据えて、取りかかるタイミングを決める必要があります。

〈ポイント〉名義はタイミングで選択

前項では賃貸住宅建築による節税には、効果が出るまでには一定の期間がかかることを説明しました。節税のツボも前述した通り、「土地の評価額を下げること」と「負債を作って相続財産の総額を減らすこと」にあります。

被相続人が高齢で、建築から相続発生までそれほど時間が経過しない場合には、この両方の効果が最大限に発揮されます。

しかし、いつ相続が発生するかは誰も正確に予測できません。だからこそ相続税対策が必要なくらいの不動産を保有されている被相続人の方は、早めに対策の検討をされるべきでしょう。そして、建物の「名義」を検討することにより、さらに適切な効果が得られる工夫を加えるべきです。まだ相続は先だろうと何もしないでいると、突然の相続にまったく対応できないということになります。

一定の規模以上の場合は、建築する建物を法人名義にするということもあります。相続税対策だけでなく、不動産収入による所得税負担への対策もあります。両方に節税効果が得られる方法の選択もできるのです。

不動産は、相続税対策の対象であるとともに、収益をもたらし家族の生活を豊かにしてくれる大切な財産です。放置せず活かし方を積極的に考えましょう。

事例Ⅱ　借地権付きの貸地

第一章でも少し触れましたが、他人が借地権を持つ「貸地」も、相続の際に問題が発生しやすい「負の財産」の有力候補です。問題を多く抱えた貸地は財産と言うより、もはや「不良資産」と呼ぶべきかもしれません。それほど所有する人にとって悩み多き不動産なのです。
私たちがご相談を受けた中にも、これからご紹介するBさんのような事例がありました。

【概要】
長屋が建つ貸地
所在地：兵庫県川西市
面積：3000㎡

内訳：一戸あたり20坪（66㎡）×10戸
　　　一戸あたり20坪（66㎡）×10戸
　　　一戸あたり20坪（66㎡）×10戸
用途地域：第一種住居地域
賃料収入：200万円（年間）
相続税評価額：1億6000万円
相続人：妻と子ども2人
相続税試算額：当物件1800万円、他の不動産を併せると総額4000万円
備考：所得税、固定資産税・都市計画税等を差し引くと、年間の収益は60万円程度。

【問題点】
・土地に対して強い権利（借地権）を借地人が所有しているため、自由に売却できない。
・現在の借地人に相続が発生した場合、その子どもなどの相続人が借地権を継承することができ、地主は意思に反して、いつまでも貸地契約を継続させられてしまう。

[図 4] **B さん所有の不動産**

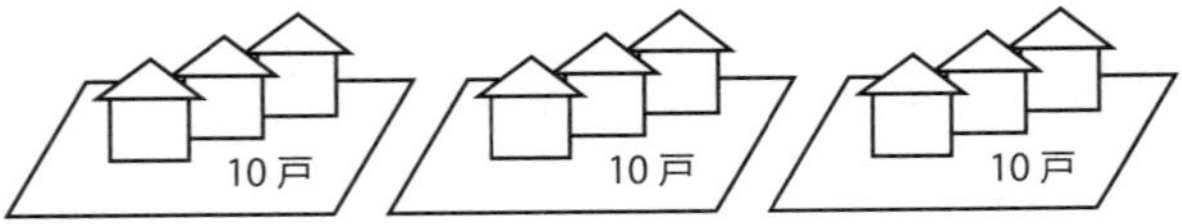

借地権付きの長屋が建つ土地 3 カ所

所在地：兵庫県川西市
面積：計 3,000 ㎡
賃料収入：年間 200 万円
収益：年間 60 万円
相続税評価額：1 億 6,000 万円

⇩

相続税　1,800 万円（他の不動産との総額 4,000 万円）

・地代は低額なのに、値上げの交渉は困難。
・このような財産にもかかわらず、相続税の評価額は高額である。

Bさんのケースで最大の問題となったのは、借地権でした。

所有する3区画の土地には、長屋形式の住まいが複数建っていて、入居している合計30戸と借地契約が結ばれていたためです。

総面積3000㎡と広大な土地を貸しているわけですが、この借地契約からBさんが得ている地代は、年間200万円程度と格安で、所得税や固定資産税・都市計画税等を差し引くと、手元には60万円程度しか残りません。

ずいぶん昔に定められた地代が、ほとんど改訂されてこなかったため、そんなことになっていたのです。お話を聞くと、値上げ交渉をしてみても、経済的に豊かとはいえない借地人たちは、少額のアップしか認めてくれない、とのことでした。

そんなほとんど利益を生まない貸地ですが、相続税の評価額を試算してみると、1億6000万円と、かなりの高額になりました。大阪への通勤に便利なベッドタウンとして人気の川西市にある上、総面積も3000㎡と広大だったためです。

Bさんはこの貸地以外にも、土地などの財産をある程度お持ちでした。そのため相続税の適用税率も高率になり、この貸地に対する相続税額は約1800万円にものぼることが判明しました。

相続が発生したら、収益が年間60万円しかない不動産を承継するために、相続人たちは総額4000万円もの相続税を負担しなければならないのです。もとをとるには、単純計算で70年弱もかかってしまいます。

しかも相続税の問題は、Bさんから子どもたちに相続される今回だけで終わりません。次の世代が継承する際にも、また同じ問題が降りかかってくることになります。

そのままでは、経済的な負担ばかりが大きいマイナスの資産のために、他の優良な不動産や預金を失うことになってしまいます。「貸地破産」という言葉があるほど、こういった貸地の問題は大きく、お悩みの方はたくさんいらっしゃいます。

解決策　「契約の見直し」「買い取り」「返還」交渉をする

貸地の問題は解決がとても難しいため、悩みを抱えながらも、「放置するしかない」とあきらめている地主さんも多く見受けられます。しかしながらこの問題を放置していては、巨額の課税負担を子孫にまで残してしまうことになります。

困難でも専門家の協力も得ながら、解決に向け根気よく対策を立て実行していきましょう。

借地人との交渉にあたっては、状況に合わせて次の5つの方策を組み合わせて適用することになりますので、参考にしてみてください。

①　一団のまとまった区画、または全部の土地（底地）をまとめて売却する。底地を扱う業者に相談することになるが、一般的には更地に比べ売却価格がかなり低くなる。

「所有していることによって生じる多額の相続税負担が解消するため」と割り切って判断することが必要。効果を判断するためには、実質の手残り額と相続税負担額を具体的に算出してみる。

② 底地を借地人に買い取ってもらう。ただし、Bさんのようなケースでは、買ってくれる人と買ってくれない人がいると、土地を歯抜け状態で所有することになる。将来的な活用方法を見越した上で、実行する必要がある。

③ 移転する借地人がいるときは、そのたびごとに借地権を買い取る。この場合も、②と同じく、借地権の設定されている土地とされていない土地をバラバラに所有することになるため、将来的な展望が不可欠。

④ 地主が借地人に直接交渉してみる。借地人に経済的な余裕があり、地主との関係が良好なら、ひとつの選択肢として考えてみる価値がある。

⑤ 物納を検討してみる。「貸地は相続税の納税にはあてられない」というのが税の実務上の取扱。ただし状況によっては可能な場合があるので、早めに専門家に相談しておく。

借地権付貸地の問題を解決するには多くの場合、5～10年といった長い年月が必要です。地主の方の健康状態などに不安が出てきてからでは、対策が難しくなります。Bさんのような土地を抱えている方は、放置せず、一日も早く解決に向けて動き始めてください。

事例Ⅲ　人気の住宅街にある自宅

長く住み続けてきた街の人気が高まるのはうれしいことでしょう。ただ、その分、地価が高くなれば、相続税課税評価額も上昇しますから、相続では思わぬ負担が生じることもあります。

大阪市近郊である西宮市に住むCさんのケースでは、次のようなごく普通の住まいについて、相続税の問題が発生してしまいました。

【概要】

人気の街に建つ自宅

所在地：兵庫県　西宮市
面積：500㎡
用途地域：第一種住居地域
相続税評価額：1億円
相続人：妻と子ども2人
備考：長年住んできた自宅だが、最近人気が出てきたため、地価が高騰している。高額の相続税が支払えず、将来妻が住む場所を失ってしまうことが心配。

【問題点】
・これまで地価の高騰を想定したことがなく、相続税を支払うだけの預金がない。
・他にも資産があり、相続税計算の適用税率が高い。

ご相談を受けた私たちがCさん宅の相続税評価額を試算してみたところ、1億円にのぼることがわかりました。

Cさんはビックリ。ずいぶん昔に購入した住まいだったため、そこまで高いとは考えていなかったようです。新しく大型ショッピングセンターができるなど、便利になっており、地価が高騰している地域でした。

他の財産もあり、相続財産が多額にのぼるため、Cさんの相続で適用される上積税率は40％という高い率になります。改正相続税法が施行される平成27年1月1日以降に相続が発生すれば、さらに高額の相続税が課税されます。

年老いた奥さんは、今の自宅に住み続けることを願っていますが、高額の納税資金を用意できません。地価が高い都市部では非常に多く見られるケースで、相続税法の改正により、さらに急増するのでは、と心配されています。

解決策 「小規模宅地の特例」を活用する

相続税について関心をお持ちの方なら、「小規模宅地の特例」という言葉をどこかで耳にしたことがあると思います。

それほどこの特例がポピュラーなのは、利用できる条件が整えば、この特例による節税効果が非常に大きいためです。相続財産の評価が大幅に下がり、相続税の負担が軽減されます。まさに不動産相続税対策の切り札といえる特例です。

1億円にのぼるCさんの自宅土地の相続税評価額も、小規模宅地の特例を適用すると、約4720万円に抑えられます。実に5280万円も減額することができるのです（平成27年1月1日以降に相続が開始される場合）。

その結果、軽減される相続税は2110万円にもなります。この特例の対象になる土地は次の3種類です。

① 被相続人の住宅の敷地
② 被相続人が事業をしている建物の敷地
③ 被相続人が賃貸事業を営む建物の敷地

それぞれについて特例の内容が違い、細かい適用条件がありますので、一部ご紹介してみましょう。

①　被相続人の住宅の敷地

特例が適用されるのは、次に挙げる条件を満たす相続人です。

・被相続人の配偶者
・被相続人と同居している親族。ただし相続後は、相続税の申告期限までその家に住み、所有していなければなりません。
・配偶者や同居の親族がいないときは、相続開始以前3年間にわたって、自身の持ち家や配偶者の持ち家に住んだことがない親族に、この特例が適用されます。別居する子どもなどが賃貸住宅や社宅に住んでいる場合などです。また、相続した不動産を申告期限まで所有していなければなりません。

【概要】
・被相続人が住宅として使用していた土地は課税対象額が80％減額されます。

・被相続人の配偶者、被相続人と同居していた親族が相続した場合、２４０㎡までの土地については（平成27年1月1日以後の相続は３３０㎡まで）は80％の減額となります。

・1棟の中に賃貸マンションとして貸し出している部分と居住用の部分がある併用住宅では、土地をそれぞれの割合で按分《あんぶん》して、「居住用」とされる部分には、80％の減額が適用されます（２４０㎡まで）。賃貸部分については、50％減額となります（２００㎡まで）。

② 被相続人が事業をしている建物の敷地

【概要】

・被相続人または被相続人と生計を一にしていた親族が事業を行っていた土地について、平成26年12月31日までの相続については、４００㎡まで80％減額されます。ただし住宅の特例と併用するときは調整計算をして、合計４００㎡までが適用対象の最大面積となっています。相続税法改正により平成27年1月1日以後の相続については、この調整計算が不要となります。住宅の特例３３０㎡と事業用の特例４００㎡を合計した７３０㎡まで、限度いっぱい適用できるようになるのです。調整計算が廃止されるのは、今回の改正で大幅な基礎控除額の減額があったためです。地価が高い地域で事業を行っている人や、その地域に長く住んでいる人たちが、相続税を支払えないためにやむなく廃業したり、老齢になってから転居を強いられたりすることがないように、との配慮からです。ただし特例の適用を受けるには、一定の期日までに事業を承継して継続すること、相続した土地を相続税の申告期限まで所有することが条件となっています。

・被相続人やその親族が50％以上の株式保有割合を持つ会社が、被相続人から土地を賃借して使用する場合も、この特例の対象として80％の減額ができます。ただし適用を受けるには、土地を相続する人が、「この会社の役員であること」「相続税の申告期限までこの土地を所有していること」という条件を満たす必要があります。

相続人がこの特例の適用を受け、相続税の負担が軽減されるよう、準備を進めておくようにしましょう。

③　被相続人が賃貸事業を営む建物の敷地

【概要】

・被相続人が賃貸事業用建物の敷地として使用していた土地は、200㎡までは50%の減額が適用されます。相続人が被相続人の親族または被相続人と生計を一にする親族であることが条件です。

　こちらは前記①、②の特定居住用宅地、特定事業用地の特例と併用するときは、200㎡全部には適用できません。有利に適用するためには、複雑な調整計算が必要となります。ですから複数の土地をお持ちのケースでは、どの土地で「小規模宅地の特例」の適用を受けると相続税の価額でもっとも有利になるのかを検討し、適用に向けた準備を整えることが大切です。

　相続税対策では、賃貸用建物を建てるなど、多額の投資や一定の費用を必要とするものが大半です。そんななか、この「小規模宅地等の特例」による節税は、新たなコストを要しません。ローコストでこれだけの効果を上げる節税法は他にありませんから、ぜひ利用したいものです。

その他の「相続で問題が発生しそうな不動産」に使える対策

ここまではご相談の多い不動産を事例に挙げ、対策を解説してきましたが、ひとくくりに不動産といっても、各不動産の状態やご家庭の事業はさまざまです。前述した対策以外にも、状況によっては有効に活用できる手法は多々あります。いくつかご紹介しますので、ぜひ参考にしてみてください。

不動産賃貸事業経営を法人化する

最近、不動産の貸付事業を法人化して経営することをすすめる書籍が数多く出版されています。

一般にもよく知られている通り、法人化することで、相続税だけでなく所得税や住民税などの税負担も軽減されるので、一石二鳥どころか三鳥目も狙える高度な節税法なのです。

平成28年1月1日から施行される所得税の改正では、高額所得者の所得税負担も増加します。これまでは所得税・住民税合わせて50％だった最高税率が55％に引き上げられるとともに、給与所得控除額は引き下げが確定しています。

所得税・住民税は毎年課税されますから、相続開始までの期間が長ければ、負担総額は大きなものになります。

個人で不動産の賃貸事業を行っている方が事業を法人化すれば、毎年この所得税・住民税を節税でき、さらに相続発生時には相続税をも節税できる方策が考えられます。

法人化には、次の2つの手法があります。

① 不動産の管理のみを法人化する

不動産の所有権は被相続人が保有したまま、管理業務のみを請け負う法人を設立します。

不動産の所有権を法人に移転するための税金などの負担がないため、比較的簡単に実行できる節税法です。賃料収入が多く、管理料として年間300万円以上支払えるようなケースでは、所得税・住民税について、節税効果が期待できます。

ただし、相続税の節税効果はそれほど大きくありません。不動産を誰に相続させ、どう運営していくか、などの方針を決めるのに時間がかかる場合は、とりあえず管理のみを法人化することから進めてもよいでしょう。

② 不動産を所有する法人を設立する

賃貸事業用の不動産を法人に移転、または法人が不動産を購入・取得します。これにより、不動産は実質的にはその法人の主要株主に相続されたのと同じことになります。所有権を法人に移転する際には、ある程度の納税資金や買い取り資金が必要です。

不動産の規模が大きいほど、節税効果が大きくなるので、大きな賃貸物件を持っている方は、本格的に検討されることをおすすめします。

相続人が複数いる場合も、法人の株式を分配することで対応できますから、不動産を小分けにする必要がありません。また一度法人に移転してしまうと、相続があるたびに不動産の分け方や相続税対策に頭を悩ませる、といった苦労も低減します。

その一方、複数の相続人で賃貸事業を共同運営することになりますから、「株主同士の意見がぶつかって経営が頓挫してしまう」といったリスクは無視できません。そんなことにならないよう、長期的な展望に基づく株式の割当や役員の選任を行う必要があります。

2つの手法のどちらが適しているかは被相続人、相続人の事情などをよく考えて、検討するとよいでしょう。

会社設立の豆知識

「会社を設立する！」というとなにか大事と思われますが、実はそれほど難しいことではありません。次の5つの項目を決めて、必要書類をそろえるだけですから、一般の方が自分で手続きすることもできます。ただ「迅速に間違いなく」と考えるなら、専門家に依頼されてもいいでしょう。

【決定事項】

①　設立する法人の名称

たとえば「大阪不動産株式会社」というようないわゆる社名です。

②　設立する法人の所在地

自宅の住所や不動産の所在地など、「郵便が届く場所」と考えるとわかりやすいでしょう。

③　資本金

最低いくら以上、という制限はありません。株主になる方の資金状況を考慮して決めてください。収入がない方を株主にするときには、出資額について、実質的に自身の所有といえる預金があるかどうかも確認してください。

④　株主・株式の割当

不動産賃貸業の会社にとって、実はこの項目が一番大切です。アドバイスを受けている税理士等とぜひしっかり検討して決めてください。特に不動産所有会社の場合は、将来この会社の財産を持株割合に従って相続することになります。

⑤ 役員

役員としては、取締役1名のみでも設立できます。また経営に携わる家族があれば、役員として就任させ、「適切な給与支給」を検討した方がよいでしょう。④と同様、専門家に具体的に相談しながら進められてはいかがでしょう。

細目はその他にも多少ありますが、大まかにはこの5項目が決定事項の柱です。

【準備する書類等】

① 株主になる人、役員になる人の印鑑証明書

② 会社の実印（代表者印）

③ 税務署に対する各種の届出

④ 専門家に会社設立を依頼するときの費用

株式会社の設立にはその他に定款の認証費用や登録免許税などが必要で、税理士などの専門家に依頼した場合には、総額で大体30万円前後になります。

専門家に任せるのであれば、事前に前記のような税務上のアドバイスも受けておくとよいでしょう。

財産を組み替える

あなたがお持ちの不動産は、しっかり収益を上げていますか？ あるいは快適な住まいとして活用できていますか？ 普段は有効利用できているかどうかを意識されていない方が多いようです。一度あらためて検討してみてください。

その上でもし、「あまり役立っていない」と感じられたら、財産の組み替えを考えてみてはいかがでしょう？

現在、保有している財産をより活用できる形に編成し直すのが財産の組み替えです。具体的には、収益の悪い不動産を売却して、もっと利益を上げられる物件を購入したり、活用していない不動産の一部を売却して、その資金で住まいのリフォームを行ったりすることなどがこれにあたります。

「先祖代々伝わってきた土地だから……」などの理由で、ためらう方も多いのですが、収益が悪かったり使い勝手に難があったりする不動産は、持っていてもあまり意味がありません。

さらに固定資産税や相続税評価額が高い、といった条件が重なれば、今後保有することになる子どもたちや孫たちにとって、負担だけが大きい「負の財産」になってしまいます。

思い切って財産を組み替えてしまえば、相続税対策ができるだけでなく、資産としてしっかり活用できるようになります。ぜひ検討してみてください。

私たちがご相談を受けた事例の中で、組み替えにより大きな効果が出たものを2つご紹介してみましょう。

○敷地の一部を売って自宅をバリアフリー化

Dさんが長く住んできた自宅は、広大な敷地に建つ古い大きなお屋敷でした。子どもたちが独立してしまうと、夫婦2人には広すぎ、また高齢化により段差などが悩みの種となってきました。

「住み心地のいい家が欲しい」と考えるようになったDさんは、思い切って自宅敷地の半分を売却。代金を利用して、バリアフリー構造の快適な住まいを新築しました。

なお、売却した半分の敷地に対する税金も早期に相談を受けていたので、少額の納税で済み、残りを建築資金にあてることができました。

○収益の悪い青空駐車場を優良な賃貸物件に組み替え

青空駐車場を経営するEさんは、駐車場の空きに悩んでいました。以前は50台以上ある区画がいつもほぼ満車状態でした。最近では10台にも届かない上、1台あたりの料金も極端に低くなっています。また近隣はアパートなどの需要もない地域です。

「このまま駐車場経営を続けていても、収入が改善する見込みはない」と判断したEさんは、土地を売却して、約8000万円の手取額を取得。その資金と若干のローンをもとに、築3年の中古分譲マンション3室を購入しました。

建物の質が良く、交通の便が良い好立地であったため、すぐに入居者が見つかり、家賃収入ができました。いずれは子どもたちに相続させるつもりですが、青空駐車場に比べて、マンションの相続税価額はかなり低いため、相続税の軽減にも役立ちました。

「安定した収入源となる不動産を子どもたちに遺してやれる」とEさんは満足しておられます。


こういった組み替え事例をご紹介すると、「費用がけっこうかかりそう」と心配される方もいるでしょう。

たしかに、不動産の組み替えには、売買の際にかかる税金や手数料など、ある程度のコストを要します。ただしほとんどの場合は、売却により得られる収入でまかなうことができるので、それほど心配する必要はありません。

有益な財産に組み替えることができれば、投資価値が高まります。不動産、建築に詳しい方に相談して、さまざまな組み替えを検討してみてください。

養子縁組を活用する

相続税対策を紹介するとき、必ずといっていいほど取り上げられるのが「養子縁組」を活用する手法です。

一昔前は被相続人に何人も子どもがいるケースが一般的でした。ところが近年では、少子化により、相続人の数が減少しています。

そこで孫のなかから、養子を迎えて祖父、祖母の籍に入れ、一代飛ばしで財産の一部を引き継がせたい、と考える方も増えてきました。

養子縁組が節税につながる要素は主に3つあります。

①　基礎控除額の増額
②　法定相続人が1名増加する
③　生命保険金、死亡退職金の非課税枠増額

［図5］養子縁組を活用した場合の相続税額
（平成27年1月1日以後相続開始）

◆家族：Fさん夫婦・子ども2人・孫3人

遺産総額	養子なし	養子あり	節税額
2億円	2,700万円	2,430万円	270万円
5億円	1億3,100万円	1億1,900万円	1,200万円
10億円	3億5,600万円	3億3,270万円	2,330万円

※二次相続の負担もあるため、配偶者が相続した財産についての税額の軽減は適用しないこととする。

それぞれ、相続人の数によって、基礎控除枠や非課税枠が増額されるため、養子を迎えて相続人の数を増やすことで、課税対象額を圧縮することができるのです。課税対象額が小さくなれば、累進課税の税率も低く抑えられますから、相乗的な節税効果が期待できます。

そんな素晴らしい効果があるのなら、なるべく多くの養子を……と考えたいところですが、相続税の計算対象とされる養子は1人に限られています。

民法上は特に人数の制限はありませんが、税法上では過剰な節税を防ぐため「相続税の控除や非課税枠の対象となるのは1人だけ」と定められているのです。

逆に考えれば、養子による節税効果はそれほど大きい、といえます。

一例を挙げて、養子を活用することによってどれくらい相続税の負担が軽くなるのか計算してみたのが、上の表です。

Fさん夫婦には、子どもが2人、孫が3人います。

ご主人のFさんが被相続人になるケースで、孫の1人を養子にした場合とそうでない場合で、相続税額がどれほど変わるのか、遺産総額ごとに試算してみました。

図5の通り、相続財産が多くなるほど、養子縁組による節税効果も大きくなっていきます。

こういった節税効果を自身で試算してみるのもおすすめですが、一点だけ気をつけていただきたいことがあります。養子が遺産を相続するときには、実子に比べ相続税が20％加算されることになっているのです。

「一代飛ばしで、孫にも祖父母の財産を相続させよう」と考えるときは、この点も考慮して相続計画を立てる必要があります。

〈ポイント〉 養子制度を活用するときの注意点

計算上は大きな節税効果が期待できる養子縁組ですが、現実はなかなか計算通りにはいきません。私たちが相談を受けたなかにも「相続税対策のために孫を養子にしたところ、逆に資産を失うことになった」という悲しいケースがありました。

相談にいらしたのは、代々農業を営んでいる地主の方でした。古くから持っていた広い田畑が、行政の方針もあって宅地化されていったため、相続税評価額が大きくなることを心配し、金融機関に相談をしたところアドバイザーを紹介されたとのこと。そこで、そのアドバイザーの方から、「中学生の孫に、毎年少しずつ土地を贈与する」という方法を提案されたそうです。

ところが大変不幸なことに、その孫が成人して事業に失敗、さらに他人の保証人になるなどしたため、借金を重ねる事態になりました。祖父や父親が状況を知ったときには、負債は大きくふくれあがっており、孫が自力で解決できる額ではありませんでした。

そうなると贈与された土地を負債の返済にあてなければなりません。土地は祖父との共有名義になっていたため、「孫名義の分だけを手放して解決」というわけにもいかず、結局は大きな面積の土地を失うことになってしまいました。

もちろんこんなことはそうそう起きませんが、「無視していいリスク」とはいえません。養子縁組をしたときは学生や未成年者だった孫も、やがては成長して社会人になります。祖父母にとって、法律上は「子」なので子としての権利や義務も生じます。

孫を養子にするのであれば、そういったことを考えた上で、「何歳になったときが最適か」「将来にわたって贈与された不動産を適切に管理する能力があるか」客観的に判断しながら進めてください。

相続税の節税だけに目を奪われていると、かえって大事な財産を失うことになりかねない、ということを意識しておく必要があります。

その他にも、孫を養子にする際には、次のようなことも頭に置いておくとよいでしょう。

① 子どもが複数いて、それぞれの家庭に孫がいる場合は、ひとつの家庭の孫だけを養子にすると、「不公平」と受け取られることがあります。不和の原因にならないよう、子どもたち全員とよく話し合ってください。

② 養子が幼い間は、両親や祖父母の意向に従ってくれますが、成人して社会人になると、自分の権利を自覚し主張するようになります。

③ 養子というと一般的に孫を想定しますが、子どもの配偶者（婿・嫁）を養子にすることも検討してみるとよいでしょう。これにより夫婦間の財産が一方に片寄らないので、子どもや子どもの配偶者が被相続人となるとき、相続税の負担が軽くなるケースが多いのです。日本では、女性の方が蓄財する機会が少ないのですが、高齢になった妻に経済的な裏付けがあれば、老後の安心感につながります。長年家庭を守ってくれた「嫁」に、感謝の思いを表す意味でも、価値のある選択だと思います。

節税という面ばかりが強調されている、養子縁組ですが、「それだけが目的ならおすすめできない」というのが私たちの実感です。

孫や、子どもの配偶者を養子にする際には、「どうしてもその養子の方にこの財産を渡してやりたい」と願う事情や思いを前提に考えるべきではないでしょうか。養子縁組を活用することで、その家族にとって「家族の絆」を確認する面でもメリットが生まれるのではないでしょうか。

生前贈与を活用する

高齢になり、相続のことを意識する機会が多い方にとって、生前贈与は大きな意味のある解決策です。節税のためだけでなく、被相続人の意思を生かした財産の承継を行うことができます。

私たちがご相談を受けたなかにも、そんな生前贈与の大成功例といえそうなケースがありますので紹介しましょう。

70代のGさんには持病があり、かかりつけの医師から「80歳くらいまでの寿命では」と宣告されていました。Gさんは資産家で、大きな青空駐車場などをお持ちだったため、相続のことが心配でなりません。

「納税資金にできる預貯金などは少ないが、なんとかスムーズに相続できるよう準備しておきたい」というご希望を受け、私たちがまずすすめたのは生前贈与でした。

生前贈与とは、その名の通り、被相続人が存命のうちに、妻や子ども、孫などに財産を贈ることです。贈与された分の財産は被相続人のものではなくなるので、原則的には相続財産とみなされなくなります。つまり贈与すれば相続財産が減り、相続税も減るのです。

Gさんのケースでは、妻、長男夫婦、孫1人の計4人に対して贈与を行いました。懸案だった青空駐車場の所有権を毎年1人あたり300万円ずつ贈与し、贈与税として1人につき年間19万円を納税したのです。

幸い、Gさんは病気治療の努力もあり、享年90歳という長寿を全うされました。87歳まで13年間にもわたって贈与を行うことができたので、節税効果は次のようになりました。

【贈与された総額】
1年間の贈与額　300万円×4人＝1200万円
贈与の総額　1200万円×13年間＝1億5600万円

【支払った贈与税】
1人1年間19万円×4人＝76万円
贈与税の総額　76万円×13年間＝988万円

【負担減となった相続税】
被相続人の相続税の上積適用税率は40％です。
1億5600万円×40％＝6240万円
贈与税分を差し引いて、左記のようになります。
6240万円－988万円＝5252万円

13年間にわたって毎年76万円の贈与税を支払うことによって、相続税を5252万円も節税できたのです。大きな減額に成功したため、相続の際には、なんとか残された資金で相続税の納税を完了できました。

生前贈与は「究極の相続税対策」と呼ばれることがあります。あまり費用をかけずに相続税を軽減できる上、贈与してもらった人たちからは感謝されることにもなるためです。

〈ポイント〉贈与による節税の基本

贈与による相続税節税にも、もちろん押さえておくべきポイントがあります。効率的に節税するためには、次の4つの基本的な戦略を頭に置いてください。

・毎年贈与と申告を実行する
・早めに実行する
・なるべく多人数に贈与する
・収入の伴う財産（賃貸用不動産など）を贈与するとメリットが多い

相続に対して税金がかかってくるのと同じく、贈与に対しても贈与税が課税されます。この贈与税は、相続税に比べると基礎控除額が小さく、税率も高く設定されています。

ただ、相続は一生に一度きりですが、贈与は毎年行えます。ですから1年あたりの贈与額を小さめに抑えて長期にわたり毎年行うことで、非課税、もしくは少額の課税で財産を移していくことができるのです。

非課税枠は贈与を受ける人ごとに設定されていますから、受贈者が多いほど、贈与税の総額は低く抑えられます。こういったことから、なるべく早く、なるべく多人数に対して贈与を始めることで、相続税を節税する効果が高まるのです。

気をつけたいのが、相続開始3年以内の贈与については、相続財産とみなされること。ご紹介したGさんのケースでも、90歳で亡くなる直前まで贈与を続けていましたが、88歳以降の贈与については、相続財産とみなされました。

なお、お気づきの方もいると思いますが、本書ではたびたび、「相続の際には、なるべく土地を分けない方がいい」とアドバイスしてきました。にもかかわらず、生前贈与では「なるべくたくさんの方に贈与するのがコツ」と語っています。

「矛盾しているのでは？」と思われるかもしれませんので、補足しておきます。土地を分けない方がいい、というのはその通りで、ひとかたまりとなっている土地（一筆の土地）を数人に分け与えることはおすすめできません。

例として挙げたGさんのケースでは、妻、息子、息子の配偶者、孫に土地を分け与えていますが、さらに相続を重ねていくと、最終的には妻や子ども、子どもの配偶者が相続した分は孫に集約されることになります。

相続計画を練る際には、このように先々を見越して、考えることが大切です。

低収益の不動産は売却する

収益が低いのにコストばかりかかる不動産は、保有していてもあまり意味はありません。思い切って売却することを考えてはいかがでしょう?

家賃を下げても空室が埋まらないマンションや契約台数が少ないのに固定資産税が高い青空駐車場など、コストが収入に見合わない物件は数多く見受けられます。少子高齢化が進み、景気の低迷が続く中、経営努力でこういった収益の悪循環を改善することは非常に困難です。

売却してしまえば、コスト負担から解放され、手元には資金が残ります。じり貧状態を続けるより、仕切り直して、資金を有効利用する方が、よほど簡単です。

もちろん、多くの方が心配する通り、大きな不動産の売却は、なかなか思った通りに事が運ぶものではありません。

たまたま求めている買い手がいるかどうか、という市場の事情に左右されることが多く、いわゆる土地の「時価」に比べ、相当低い売却価額になることも想定しなければなりません。

譲渡に関わる税金が課税される上に手数料もとられますから、手取額が思っていたよりずいぶん少ない、ということもあるでしょう。

たとえばお持ちの土地が5000万円で売れたとしても、手取額は図6（91ページ）のように4000万円を下回ってしまいます。ずいぶん損をしたような気がするかもしれません。

とはいえ、少ないながらも残った手取額は、相続税の納税資金や老後の生活資金にあてることができます。また相続税の対象となる財産が減ることになり、相続税の負担が減る、という効果もあります。

「収益の上がらない不動産を抱え込んでいる方が得」という理由はほとんどないのです。

こういったことをしっかり説明して、ご理解いただいても、「それならすぐに売却しよう」

とお考えになる方はあまり多くありません。

不動産の価格は時期によって上下するため、いつ売ればいいのか、迷う方の方が多数派です。売り時についてはさらに「相続の後と前では、どちらがいいの？」というご質問もよくいただきます。

実はこのことについての答えはハッキリしています。売却価額が同じなら、相続前に売却する方が納税負担を縮小できるため、かなり有利なのです。

特に相続発生までそれほど時間がない、と思えるときには、「これからまだ上がるかも」などと先々の価格の変動を考えても、あまり意味はありません。それよりも税金面でのメリットを中心に、売却計画を練る方が賢明です。

さらに売買の駆け引きという面でも、相続後は不利になります。相続税の納付期限は、相続発生後10カ月以内と定められています。相続した不動産を売却して納税資金を作らなければならないときには「なんとか10カ月以内に、物件を売って代金を入手しなければ」という焦りにかられます。

不動産は売り急ぐと、買いたたかれることが多いので、買い手との交渉はそれだけ不利に

［図 6］低収益不動産の売却試算

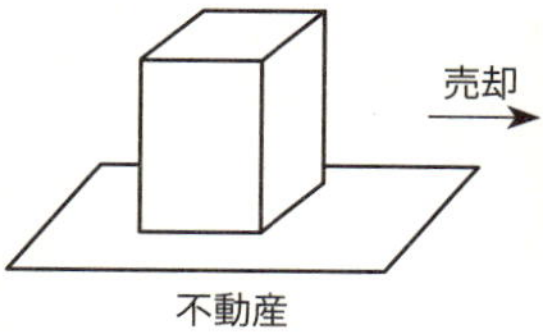

売却価格	5,000 万円
仲介手数料	168 万円
その他費用	3 万円
取得費	250 万円
控除計	421 万円
譲渡所得	4,579 万円
譲渡による税額	925 万円
差引手取額	3,904 万円

※取得費は当初実際に購入した金額の方が譲渡価額の 5%より多い時はその金額となります。

なってしまいます。できるだけ有利に売却するためにも、収益の悪い不動産は、早期に思い切って売却する方が得策なのです。

迷いがある方は、「先祖代々の土地を失っては申し訳が立たない」と考えるよりも、「形を変えて、子孫が活用していくのだ」と考えてみてはいかがでしょう?

代償分割で不公平感を解消する

「事業用地や自宅などの不動産を子どもの一人に単独承継させたいが、他に財産がほとんどないので、他の相続人とのトラブルが心配」。ご相談のなかで、よく出会うケースです。

トラブルを避けるためには相続人同士の不公平感を減らすための調整が必要なのですが、うまくいかないと、思わぬいさかいにつながります。

そこで求められるのが、被相続人の気配りです。財産の分け方は、もともとの持ち主である被相続人が決めることだからです。思いを伝えるためにも、相続人を交えて話し合い、さまざまなことを考え合わせて決めるのがベターといえます。

ご両親が被相続人となる場合なら、相続人となる子どもたちの考えを聞きとりながら分け方を決めれば、相続がきっかけで兄弟姉妹が争う、という悲劇を避けることができます。

たとえば、兄と妹が相続人になるケースで、事業用地と自宅など、分けにくい不動産が相続財産の大半を占めるケースを考えてみましょう。

店舗として運用している評価額7000万円の不動産と、評価額4000万円の自宅、預金5000万円が相続財産としてあり、それとは別に妹を受取人とする生命保険金3000万円があったとします。

このケースで被相続人である父親が「妹には預金1000万円と生命保険金3000万円を相続させ、残りは長男に相続させる」という遺言を書いたらどうなるでしょう？

普段から長男が事業を手伝っていて、老後の面倒もみている、という事情があると想定すれば、父親は特に不公平な遺言を書いたと考えないかもしれません。

ただ、妹からは「お兄ちゃんは1億円以上も相続するなんて、あまりにも差が大きい」という不満が噴出することはありえます。仲の良かった兄妹でも、こういった不公平感から、争いになってしまう危険性は決して小さくありません。

かといって、事業用の不動産を2人で共有するような遺言を作成すると、これまで説明してきた通り、その後の事業に支障をきたす心配があります。

自宅も妹に相続させれば売却することになるでしょう。学校に通う孫もいるため、住み慣れた自宅から長男一家を追い出すのは忍びない、という思いもあります。

妹は不満を持つかもしれませんが、不動産をめぐる諸々の事情を考えると、長男一人に相続させてやりたい、と被相続人が願うのは自然なことでしょう。

こういった矛盾を解決するのに有効な方法として、「代償分割」というものがあります。

大きな財産を相続する相続人から他の相続人に対して一定の金銭を与えることで、不公平感を減らす方策です。

このケースでは、遺言とは別に、「相続が実際に発生したときには、兄が妹に一定の金額を支払う」という公正証書を作成するとよいでしょう。大きな価値がある不動産を相続する兄がその代償として、自分の貯金と事業収入からの分割払いで妹が納得する金額を支払う、と約束するのです。

相続する財産の差は大幅に縮小されますから、兄が事業を継ぎ、さらに両親と同居して面倒をみることを考えれば、妹も心情的に納得しやすくなります。

なお、生命保険は受取人を指定して契約しており、民法上の相続財産ではありませんが、受取人が代償分割として活用することのできる資産です。

〈ポイント〉財産の分け方のルール

相続財産の分け方を決めるとき、まず優先されることはなんでしょう?

「民法で決められている通りの分け方が基本なので、まずその通りに分けるべき」と信じている方が多いのですが、実はこれは間違いです。第一に優先されるのは、相続財産の所有者である父や母の意思なのです。遺言書はその意思が明確に伝わるよう作成されるものです。

もし遺言書が作成されていない場合には、相続人の間で遺産の分け方について、話し合うことになります。これを「遺産分割協議」といいます。この協議がなかなかまとまらないときに、民法で定められている「法定相続分」という規定に従うことになっています。

おさらいすると、分け方を決める方法の優先順位は「被相続人の意思（遺言書など）」→「相続人の協議」→「法定相続」という順番です。

このように、ルールがしっかり決まっているにもかかわらず、相続の問題は本当に複雑です。人が暮らしていくなかには、相続を難しくする要素が、実にたくさん隠れているためです。

両親の住居や事業を営んでいる不動産など、一概に経済的な価値だけで分けきれない財産がある一方、相続人にはそれぞれの生活状況や将来的な計画など、多様な事情があります。

生家を離れて遠隔地で生活の基盤を築いている子どもに、管理の手間がかかる不動産を遺しても、運営に困るでしょう。そんなときには地元に住む他の相続人に遺すか、適切な相続人がいないときは、思い切って売却するという選択肢も考えてみるべきです。

また、不動産ではないのですが会社を経営されているオーナー社長が、会社の後継予定者以外の子ども・孫に自社の株を譲渡する例もよく見かけます。「配当金を多くの親族に分け与えてやりたい」という気持ちがあってのことでしょう。

しかしながらその後に起きるかもしれない問題を考えると、子どもたちにとって本当に歓迎すべきやり方かどうか、は疑問が残るところです。

相続対策は、思いつきで時々行うのでなく、一度財産の棚卸しをして計画的に進めていくべきものです。

そのためには相続の発生が想定される時期の10年、15年前から、お正月やお盆など家族が集ういろいろな機会をとらえて、みんなで話し合っておくのがおすすめです。

相続のことを考えるのに、「早すぎる」ということはありません。特に不動産という財産の相続には、専門家のアドバイスを受けながら、しっかりと検討する時間的余裕のあるうちに方針を出しておくべきです。これこそが結果として、大切な財産を価値ある形で次世代に引き継ぐことができる最善の相続対策といえるでしょう。

第三章　「自社株」の正しい節税法と残し方

自社株の相続対策をしないと本当に恐ろしいことになる

中小企業のオーナーが相続について考えるとき、もっとも大きな悩みのタネとなるのが自社株、すなわち自らが経営している会社が発行する株式です。

前項で取り上げた不動産もかなりの難物ですが、自社株相続の難易度は、さらにそれを上回ります。

なぜそこまで自社株相続が難しいのか。

要因となることはいくつもありますが、一番特徴的なポイントは第一章でも触れた通り「売るのが難しい」ということにあります。

納税資金に困った場合や相続人同士の分配調整が難しいとき、不動産には「売却する」という最終手段が残されています。高値にこだわらなければ、不動産にはほとんどの場合、買い手がつくためです。

ですから土地を承継することをあきらめてしまえば、売却して相続税を支払ったり、現金として分配したりできるのです。

ところが上場していない中小企業の株を買ってくれる人は、めったに見つかりません。「現金化する」という最終手段がないため、自社株の相続では深刻なトラブルが発生しやすいのです。

もちろんそれ以外にも、自社株の相続には独特の「トラブルのもと」がいくつも隠れています。代表的なものを並べてみましょう。

①　オーナー社長の生前に、事業を承継する後継者を決定し、相続時には後継者にすべての自社株が移転されるよう、手配しておく必要がある。

②　円滑に財産を分け、相続税対策を行うためには、自社株の資産価値を知っておかなければならないが、評価額がわかりにくい。

③　相続財産のほとんどが自社株である場合、「後継者以外の相続人」に相続させる財産がない。

④　相続人それぞれに思惑があるため、遺言書の作成だけではトラブルを防げない。

⑤　株式の買い手が見つかった場合も、会社の所有権を一定割合譲渡することになるので、後継者は思うような経営をすることが難しくなる。

⑥　「株主名簿に載っているが、実際には出資金を出していない」など、扱いの難しい株主が多数いる場合がある。（いわゆる名義株）

いかがでしょうか？　「うちはどの問題とも無関係」と言い切れるオーナー社長や後継者の方は、あまり多くないと思います。もし少しでも「うちにも関係がありそう……」と思える項目があったら、ぜひ今この瞬間から、対策について本気で考え始めてみてください。

というのも、いずれも一筋縄ではいかない問題ですが、オーナー社長自身が生前から対策や準備に取り組んでいれば、トラブルを防ぐことが可能だからです。

逆にいえば、相続発生後に初めて問題に直面した後継者が「円滑な相続を」と意気込んでも、解決のためにできることはあまりありません。たとえるなら「大きく燃え上がった火事を素手で消そうとするようなもの」といえるでしょうか。

大切なのは、「自社株相続」という火薬庫でまず火を出さないよう、被相続人となるオーナー社長が「防火」に努めることなのです。

ところがここで気をつけていただきたいのが、対策そのものの選択やバランス、タイミングなどの問題です。

ご存じの通り、事業経営はとても繊細なバランスの上に成り立っているものです。相続税のことだけを考えて安易な対策をとると、思わぬ方面に影響が及んで、肝心の会社が傾いてしまうこともありえます。

たとえば、自社株を移譲する際の課税を減らすために株価を下げる手法は、さまざまな書籍で紹介されているポピュラーな節税法ですが、いざ実現するときには金融機関や取引先への配慮が欠かせません。

ただ漠然と利益などを圧縮すれば、ビジネス上のお付き合いがある関係先からは「あの会社は危ないのでは?」と見られてしまうこともあるためです。そうなれば、資金調達が難しくなったり、掛け売りを断られたりと、経営に大きな障害が発生するかもしれません。

このように相続のための事前対策が、ビジネスに及ぼす影響は広範で複雑です。相続計画を練る際には、どんな事柄にどんな影響が出るのか、しっかり想定しながら進めていく必要があります。

その一歩としてまず確認していただきたいのが、対策によって実現すべき目標です。

① 後継者がスムーズに事業を承継できるようにする。
② 相続財産の分配などで後継者と他の相続人の間にトラブルを生じさせない。
③ 相続税の納税資金を確保しておく。

多くのケースでは、この3つすべてを実現することが、事前対策の最終目標となります。

一見、当たり前の目標に思えるかもしれませんが、3つを同時にクリアすることは、かなりの難事業です。目標同士に矛盾する部分があり、「あちらを立てればこちらが立たず」ということが起こりやすいためです。

そんな矛盾をうまく処理して円滑な相続を実現する手法には、残念ながら「これが正解」といえる決まったやり方はありません。

各会社の抱える事情によって、まったく違った手法の組み合わせが正解となるのです。具体的にはどんな手法を組み合わせていくことになるのか、次項からは、私たちが出会った「負の財産となる自社株」の事例を挙げて、解決策をご紹介していきます。

事例I　自社株相続に6億円の相続税！

自社株相続のトラブルでよくお見かけするのが、オーナー社長がまだ若く、「相続対策などまだまだこれから」と考えているうちに急死してしまった、というケースです。

私たちのクライアントではなかったのですが、一度税務のご相談にいらしたHさんは、まさにそんな事例の典型でした。

二代目社長のHさんはその優れた経営手腕で、お父様が創業された会社を大きく発展させた素晴らしい経営者でした。

資本金は3000万円。従業員数45人。総資産額30億円、年間取引金額25億円という金属加工会社です。決算書を見せていただいたところ、金融機関からの借り入れもなく、まさに優良企業と呼ぶべき会社でした。

ところがそんな会社ですから、試算してみた株価は1株あたり150万円程にもなりました。自社株の相続税評価額はおそらく数十億円にのぼるはず。そのほとんどをHさんが所有している上、会社に対して数億円分の貸付もあったため、そのままでは非常に高額の相続税を課されるのでは、と心配される状況でした。

お話をうかがうと、顧問の税理士には法人税の申告を任せているだけで、相続税についてのアドバイスを受けたことはない、とのこと。

優良企業ゆえに自社株の相続でトラブルが起きるかもしれない、というリスクをHさんはまったく意識したことがなかったのです。

もともと相続のご相談でいらしたわけではなかったのですが、私たちもさすがに心配になり、「それなら一度、相続税のシミュレーションだけでもしてみては」とアドバイスさせていただきました。

「あのとき、もう少し詳しくお話ができていれば……」という悔しい思いは、今も残っています。

というのも、Hさんは相続について考え始めるかどうか迷われたのですが、結局、まだ60代前半と若く、仕事も忙しいため、「いずれそのうちに」と判断され、結局そのままになってしまったのです。

Hさんの奥様が私の名刺を持って、事務所へやって来られたのは、それから2年ほどたったある日のことでした。前年に、ご主人が急死された、ということでした。

ご相談を受けた際に心配した通り、相続でやはり大きなトラブルが発生していました。Hさんには、長男・長女と2人の子どもがいたのですが、2人とも会社経営にはタッチしていない状況でした。株式や貸付などの資産は奥様が2分の1、子どもたちが4分の1ずつを受け取る法定相続に沿う形で分配されたそうです。

6億円にものぼる相続税は、なんとか工面して納税できたものの、結婚して遠方に住む長女は相続した株式の買い取りと、貸付金の返済を要求。

また他社でサラリーマンとして働いている長男はまだ若い上に事業経営の経験がなかった

ため、会社を継ぐことに消極的でした。

長女が求める株式の買い取りと貸付金の返済には、約5億円もの費用がかかります。理論的には会社が負担することもできますが、Hさんの会社には当時、もうそれだけの余剰資金がありませんでした。

後継者については、従業員や親族の中に事業を承継してくれる人がいないか、探してみましたが、見つかりません。

相続税や長女の要求に応えるための資金負担で、一家の台所事情が苦しくなる中、事業を承継することは難しい、として結局長男も社長就任を断念されたそうです。

Hさんがお父様からしっかり承継し、頑張って育て上げた会社は、M&Aで他社に買い取ってもらうことで、幕を閉じることになってしまったのです。

もし2年前にHさんが生前の事業承継対策の重要性に気づいて、相続についての計画を立てていれば、おそらく事態は違ったでしょう。

相続税の負担ははるかに軽減できたはずですし、そうなれば会社も存続できたのでは、と思われます。

まだ若いから、といって対策を講じなかったために、残された遺族にとっても、亡くなった本人にとっても、悔やまれる結果となってしまったことが、残念でなりません。

Hさんのケースでもし対策を立てるとしたら、鍵となるポイントは2つあります。

まず何より大切なのは、生前、元気なうちに後継者を決めておくこと。息子さんと話し合って、後継者になってもらう、もしくは従業員の中から有望な人材を見つけて育成する、という手段があります。

さらに、その後継者が円滑に事業を承継できるよう、環境を整えてあげることがもうひとつの鍵です。Hさんのケースでは、巨額の相続税が大きな障害になっていましたので、この税負担を軽減することを考えなければなりません。

そのためにはなるべく早く、信頼できる税理士を見つける必要があります。というのも、事業承継や相続税対策という業務は、税理士業務の中でも特殊であり、通常の確定申告や法人税の申告とは違う専門性が求められるものだからです。税理士であれば誰でもできる、というものではありません。

Hさんにも顧問税理士がついていたことを考えると、この点はぜひ、読者のみなさんにもしっかり意識しておいていただきたい、と思います。

次項は後継者が円滑に事業を承継するために具体的にするべきことを順に見ていきましょう。

解決策①自社株の評価額を把握する

不動産も同じですが、相続対策は資産の価値を知ることから始まります。自社株の場合も、まずその評価額を把握しておかなければ、どんな対策をとればいいのか、計画の方向を決めることができません。

Hさんの場合も、私たちのもとにやって来られた時点で、自社株にいくらの価値があるのか、ご存じありませんでした。

それでは、いったいどのようにして、評価額を算出すればよいのでしょう？

東京証券取引所などで取引されている上場会社の株価は、相場によって決まります。どのくらいの価値があるのか、毎日、多くの人がさまざまな角度からチェックして決めているので、ほとんどの場合誰も文句のつけようがない「厳正かつ客観的に決められた価額」を簡単に知ることができます。

しかし、相場のない非上場会社の株価をそんな風に評価してくれる場はありません。ならばどのように算定すればよいのでしょうか？

非上場会社の株価を算定する方法については、相続税法で細かく規定されており、原則として「時価で評価しなさい」ということになっています。

ところが、この「時価」の算出方法はかなり複雑で難解です。

算出の基準となるのは、「会社の規模」「会社の財産状況」「会社の利益状況」「会社の配当状況」などですが、これらの項目はもちろん時々刻々変化しています。

上場会社であれば、そういった状況の変化を受けて上下する株価が取引価格としてタイムリーに表れます。

非上場会社の株価も、同じく会社の状況に合わせていつも動いていますが、こちらは取引所などで確認することができません。ですから可視化したいときには、「類似業種比準価額方式」「純資産価額方式」「配当還元価額方式」という3つの方法を使って算出することになっています。

このうち「配当還元価額方式」は、少数株主の株価を算出する場合の方法で、中小企業のオーナーが所有する株式を後継者に承継させる場合には利用できません。

相続税のもととなる株価を計算するときには「類似業種比準価額方式」と「純資産価額方式」を単独、もしくは併せて用います。

それぞれの評価方式について簡単に説明してみましょう。


【類似業種比準価額方式】

類似した業種に属する上場会社の株価を基準として、評価する方法です。規模が上場会社並みに大きい「大会社」の株価を評価する際には、この方法を単独で用います。

評価のために上場会社と比較するのは、「1株あたりの年配当金額」「1株あたりの年利益金額」「1株あたりの純資産価額」の3要素です。この3つの要素には、株価に対する影響力に違いがあり、「1株あたりの年利益金額」は他の要素に比べて3倍大きく作用します。そのため、高い利益を上げている優良な会社ほど、株価が高くなります。

一般的には、純資産価額方式に比べてかなり低く評価されるので、この方式で評価される方が、相続税対策としては有利です。

【純資産価額方式】

中小企業の中でも規模の小さな「小会社」では、この評価方式だけを使って株価を算出します。資産から負債を除いた純資産の価額によって評価する方法なので、負債の少ない会社は株価が高くなってしまいます。

また株価のもととなる「資産」を評価する際、「類似業種比準価額方式」では帳簿価格を採用するのに対して、「純資産価額方式」では、相続税評価額を用います。不動産や所有有価証券の含み益・含み損、保険契約の解約返戻金なども計上することになるため、「1株あたりの年利益」が少なくても、含み益の大きい会社は、株価が高く算出されます。

【併用方式】

「類似業種比準価額方式」の評価額と「純資産価額方式」の評価額を一定の割合（Lの割

合・図7下）を加味して算定する方法です。「大会社」と「小会社」の中間規模にあたる「中会社」ではこの方式を用いることになっており、中小企業のほとんどは、この併用方式で評価されています。

このように、適用される評価方式は会社の規模によって定められています。図7・8（117ページ）から業種および規模によりどの評価方式を用いることになるか判定できますので、自社について、一度試してみてください。

[図 7] 自社株評価方法

■類似業種比準価額方式

・大会社並みの規模の会社
・「利益」の比重が大きい

$$\text{類似業種比準価額} = A \times \left(\frac{\frac{\text{ⓑ}}{B} + \frac{\text{ⓒ}}{C} \times 3 + \frac{\text{ⓓ}}{D}}{5} \right) \times \text{しんしゃく率}$$

しんしゃく率
0.7(大会社)
0.6(中会社)
0.5(小会社)

A…類似業種の株価
B…類似業種の1株あたりの配当金額
C…類似業種の1株あたりの年利益金額
D…類似業種の1株あたりの純資産価額

ⓑ…1株あたりの配当金額(直前期末以前2年間の平均額)
ⓒ…1株あたりの利益金額(直前期末以前の2年間の平均額、直前期末以前1年間の額のどちらか小さい額)
ⓓ…1株あたりの純資産価額(直前期末の額)

■純資産価額方式

・比較的小規模な会社
・相続税評価額で評価する

$$\text{1株あたりの純資産価額} = \frac{\text{相続税評価額により計算した総資産価額} - \text{相続税評価額により計算した負債の額} - \text{評価差額に対する法人税等相当額}}{\text{課税時期における発行済株式数}}$$

■併用方式

・中規模な会社(中小企業のほとんどが併用方式)
・類似業種比準価額と純資産価額をそれぞれ一定の割合(Lの割合)を加味して算出する

$$\text{評価額} = \left\{ \text{類似業種比準価額} \times L \right\} + \left\{ \text{1株あたりの純資産価額} \times (1 - L) \right\}$$

Lの割合	中会社	大	0.90
		中	0.75
		小	0.60

解決策②「評価法」を変えて評価額を引き下げる

資産を譲渡するときには、その評価額によって、税額が異なります。当然ですが、評価額が高い優良企業の株式を後継者にいきなり譲り渡すと、多額の税金を支払わなければなりません。

これを避けるためには、2段階のステップを踏むのが基本です。まず評価額を引き下げ、それから移転方法について検討するのです。

先にご紹介した通り、非上場会社の株価を算出するのはかなり複雑で面倒な作業です。「上場株なら毎日市場が評価して決めてくれるのに……」と考えたくなるかもしれません。ただその代わり、非上場株には比較的容易に株価を操作できる、というメリットがあります。オーナー社長の工夫次第で、かなり大幅に株価を引き下げられるのです。

具体的には左記の手法を組み合わせることで、優良企業でありながら、株式の評価額を劇的に圧縮できます。

①　できるだけ大きめの会社として評価されるようにする。
②　会社の利益を少なくする。
③　会社の資産の整理をする。
④　組織再編を利用する。

このうち「①できるだけ大きめの会社として評価されるようにする」について、まずご説明してみましょう。

みなさんは、「大会社」と聞いて、どんな企業を思い浮かべますか？　大きな本社ビルや工場、たくさんの従業員、といったイメージでしょうか。税法ではそういった大ざっぱな決め方はできないので、３つの基準を設けて会社の規模を判断することになっています。

「従業員数」「総資産価額」「取引金額」という3つがそれ。このうち従業員数についてはどの業種でも「１００人以上なら大会社」と定められていますが、その他の要件については、業種によって基準となる数値が違うので注意してください。

表を見てもわかる通り、従業員数が100人以上であれば、必ず「大会社」に該当しますから、この場合には、他の要素を検討する必要はありません。

一方、従業員数が100人未満の場合には、業種によって条件が異なるため、まず自社の業種の「総資産価額」と「従業員数」から該当する規模を判定。さらに取引金額を基準に該当する規模を探します。この2段階でチェックしてみて、より大きい方があなたの会社の規模です。

事例で挙げたHさんの会社がどの規模になるのか、左の図8に当てはめて判定してみましょう。総資産額30億円、従業員数45人、年間取引金額25億円という金属加工会社ですので、業種はまず「卸売業、小売り・サービス業以外」に該当します。

次に「総資産価額・従業員数」で評価すると、総資産額30億円は大会社にあたりますが、「従業員数50人以上」という基準に満たないので、「中会社」ということになります（図8・ア）。

一方、取引金額では大企業に該当します（図8・イ）。評価が分かれるときには、より大きい方を選ぶことができるので、Hさんの会社は「大会社」と評価されます。

[図 8] 会社の規模の判定

会社規模		従業員数	従業員数を加味した総資産基準			直前期末以前 1 年間の取引金額基準		
			卸売業	小売り・サービス業	その他の業種	卸売業	小売り・サービス業	その他の業種
大会社		100 人以上						
大会社		99 人以下 50 人超	20億円以上	10億円以上	10億円以上	80億円以上	20億円以上	20億円以上 イ
中会社	大	99 人以下 50 人超	14億円以上	7億円以上	7 億円以上	50億円以上	12億円以上	14億円以上
中会社	中	50 人以下 30 人超	7 億円以上	4 億円以上	4 億円以上 ア	25億円以上	6億円以上	7億円以上
中会社	小	30 人以下 5 人超	7千万円以上	4千万円以上	5千万円以上	2億円以上	6千万円以上	8千万円以上
小会社		5 人以下	7千万円未満	4千万円未満	5千万円未満	2億円未満	6千万円未満	8千万円未満

[図 9] 会社規模別評価方式

区　分			評価方法
一般の評価会社の株式	原則的評価方法	大会社	・類似業種比準方式 ・純資産価額方式　} どちらか低い方
一般の評価会社の株式	原則的評価方法	中会社	・併用方式 (詳細 113 ページ)
一般の評価会社の株式	原則的評価方法	小会社	・純資産価額方式(注 2) ・併用方式 ：類似業種比準価額(注 1) × 0.5 ＋純資産価額(注 2) × 0.5 } どちらか低い方
一般の評価会社の株式	特例的評価方法		配当還元方式 (原則的評価方式も選択可)(注 3)

(注 1) 持株割合 (議決権の割合) が 50%以下の株主グループの場合は、純資産価額の 80%とします。

(注 2) 配当還元価額よりも原則的評価方式による評価額の方が低ければ、原則的評価方式によります。

ちなみに株価の評価に併用方式を用いる「中会社」は「中会社の小」「中会社の中」「中会社の大」の3種類に分類され、いずれに該当するかで、併用する評価額のLの割合が異なります。

「中会社の大」では「類似業種比準価額」の割合が90%を占めるのに対し、「中会社の小」では60%と低いので、その分株価は高くなってしまいます。中会社にあたる会社でも、できるだけ大きな規模と判定されるよう、頑張って工夫したいところです。

とはいえ、従業員数や取引金額はなかなか簡単には増やせません。そこで注目していただきたいのが総資産額です。

会社の規模を判定する際の総資産価額は相続税評価額ではなく、会社の決算書に計上されている「資産の部」の合計金額です。負債をいくら抱えていても関係ありません。借入金で資産を購入すれば、単純に大きくできるのです。

たとえば5億円を借り入れて自社ビルを建てた場合、会社規模の判断基準となる総資産価額は単純に5億円分大きくなり、より大きな会社と評価されやすくなります。

簡単で効果的な方法ですが、実はこの借り入れで自社ビルを建てる手法には、「純資産価額方式による自社株の評価額を引き下げる」というはたらきもあります（詳細説明133ページ）。

「純資産価額方式」あるいは「併用方式」で評価される中・小会社にとって、こういった借り入れによる建物の取得は一石二鳥の相続税対策でもあるのです。

解決策③役員退職金の正しい活用法

株価の引き下げには会社の利益削減が有効ですが、その代表格といえるのが、「役員退職金の支給」です。

億単位の退職金を支給すれば、その事業年度の利益が赤字になるだけでなく、会社の純資産も減少するので、二重の意味で株価の引き下げに寄与するのです。

「それならできるだけ多く支給して、利益を思い切り圧縮すれば……」と考えたいところですが、残念ながら思いつくままに大きな金額を支給できるわけではありません。役員退職金には、「なぜその金額を支給するのか」という裏付けが必要なのです。

理由付けがないまま高額の退職金を出せば、「節税のために高額な退職金を支給した」とみなされて税務上否認されてしまいます。節税効果がしっかり現れるような大きな役員退職金を出すためには、税務当局に認めてもらえるよう「根拠」を準備しましょう。

根拠となる基準は一般的には「最終報酬月額」「功績倍率」「功労加算金」の3つです。それぞれを左記のように組み合わせて計算します。

最終報酬月額×役員在任年数×功績倍率＋功労加算金

このうち、功績倍率は会長・社長で3.0〜3.5倍（専務取締役＝2.5倍・常務＝2.2倍・取締役＝2.0倍）程度となっており、功労加算金は退職金の3割程度が上限と規定されています。たとえば、事例のHさんであれば、最終報酬月額200万円、役員在任年数25年というオーナー社長ですから、役員退職金は左記のようになります。

200万円×25年×3.5＋5250万円＝2億2750万円

この計算式を見てもわかる通り、役員退職金を増額しようと考えるなら、「最終報酬月額を高くすること」がもっとも効果的な狙い目となります。他の要素は考えひとつで変える、というわけにいきませんが、月額報酬なら比較的簡単に望みの金額に調整できるためです。

とはいえいきなり退職直前の月だけ、報酬を上げると高額な退職金を支給するために「役員報酬を上げた」とみなされてしまい、否認されてしまうことにもなりかねませんから、そういった不自然な操作は避けたいところです。

あくまで自然な増額の結果、最終報酬月額が意図していた金額になるよう、退職する時期を決めたら、計画的に報酬を増やしていくのがおすすめです。

さらに、役員退職金の額については、会社法361条で「定款で定めておくか、株主総会の決議による」と規定されています。

オーナー社長などがお手盛りで決めてしまうことを避けるための規定で、この手続きを踏んでいないとスムーズな支給ができません。定款に盛り込んでおくか、役員退職金規程を定めておくようにしましょう。

ただし、高額の役員退職金を受け取るには、そういった規程の整備だけでは、まだ準備が足りません。

定款で億単位の金額を定め、最終報酬月額などをうまく調整できたとしても、支払うための内部留保がなければ、絵に描いた餅になってしまいます。

役員退職金の原資となる財源をしっかり確保しておかなければなりません。そのための財源としては、次のようなものが考えられます。

①現金や預貯金

スムーズに支払える、というメリットはありますが、一方で数億円単位の内部留保があると、純資産が増加するため、株価の押し上げ要因になってしまいます。

②借入金

設備投資などに利用する借入金は、その後利益を生むので、返済の目処が立ちますが、役員退職金は利益につながらないため、負債として重くのしかかってしまう危険性があります。

③不動産の売却

不動産価格には変動があるため、いざというときに希望の価格で売却できるかどうかはわかりません。事業に利用していない遊休地は、現金や預貯金と同じく、純資産を増やし、株価を押し上げてしまうことがありますので、そのような不動産については早めの売却を検討されてもいいかもしれません。

④生命保険

次項で詳しく紹介しますが、保険料の一部を損金として計上できるなど、保険を利用した役員退職金対策には、さまざまなメリットがあります。

役員退職金による相続税対策をご提案する中で、こういった資金面に話が及ぶと、「自分はそんなに高額の退職金をもらおうと思っていない」とおっしゃるオーナー社長もいらっしゃいます。愛着のある会社に負担をかけたくない、との思いが強いためでしょう。

たしかに多くの会社にとって、多額の資金を用意することは容易ではありません。ただ、高額の役員退職金支給には、株価の引き下げ以外にも大きな意味があるのです。

退職するオーナー社長が大きな現金を持っていれば、会社がピンチのときには貸し付けたり、私募債を引き受けたり、といった支援を行うことができます。

自社株の相続を円滑にするための資金として利用してもいいでしょう。退職金として得たお金を後継者以外の相続人に相続させたり、納税資金に回したりすれば、よりスムーズな自社株承継が可能になります。

その他、会社のために役立てる方法は数多くありますので、「会社を愛するオーナー社長ほど、なるべく多い退職金を受け取るべき」と私たちは考えています。

解決策④生命保険契約による対策

生命保険契約によって会社の利益を圧縮する方法は、すでによく知られていて、書籍などでも広く紹介されています。

生命保険にはいろんな種類の商品がありますから、会社の状況や資金繰り、目的に応じて使い分けることが重要です。事業承継対策においては、まず「役員退職金の準備」と「相続税の納税資金作り」という2つの目的を念頭に置いて考え始めるとよいでしょう。

前項でご紹介した通り、役員退職金による相続税対策には、大きな効果が期待できますが、実現するにはしっかりとした財源が必要です。生命保険はその財源としてもっとも利用しやすいもの、といえるかもしれません。

役員退職金用の生命保険を選ぶ際には、保険金が必要となる時期、すなわち事業承継の時期を先に設定しておく必要があります。役員退職金を受け取るオーナー社長の退任が2年後なのか、10年後なのか、時期が違えば、加入すべき保険は変わってくるからです。

退任の時期を決めたら、そのタイミングに十分な金額を受け取るためにはどのような保険に加入しておくのが適切か、専門家にじっくり相談して選択してください。

もうひとつの目的である相続税の納税資金として生命保険に加入する際には、法人契約を検討してみてはいかがでしょう?

自社株などの資産を相続するのは後継者なので、「納税資金は個人的に準備すべきもの」と考えているオーナー社長が多いように感じます。

もちろん筋論でいえば正しいのですが、節税効果を考えると、法人契約のメリットは見逃せません。個人と法人では、同じ保険料でも控除額の差が非常に大きいためです。

多くの方がご存じの通り、生命保険の掛け金については、所得税・住民税の控除枠が設けられています。平成26年からこの控除枠は最大で所得税4万円、住民税2万8000円に縮小されました。つまりどれだけ高額の生命保険に加入していても、それ以上の控除は受けられないのです。

たとえ年間100万円の保険料を納めていても、個人契約では最大で6万8000円しか控除されません。

ところがこの生命保険契約を法人契約にするだけで、節税効果は大きくアップします。保険料を法人の経費として扱った場合には限度額がないので、保険の種類によっては100万円という高額の保険料をそのまま経費に算入することができるのです。

そうなれば、「利益」だけが3倍に評価される類似業種比準価額方式では、株価を決める3要素「利益」「配当」「純資産」のうち、「利益」が圧縮されるため、大きな株価引き下げ効果が期待できます。

個人契約ではまったく生じない節税効果が、法人契約に切り替えるだけで、こんなにも現れてくるのです。

加えてもちろん、生命保険が本来持つ「遺族に対する生活の保障」という意味も、オーナー社長にとっては大きなものです。法人契約で加入することにより、どんなリスクに対応できるのか、再度確認してみましょう。

一般の家庭でも一家の大黒柱が倒れれば、その後の生活資金をまかなうためには、かなりのまとまったお金が必要です。これがオーナー社長であれば、それまでの生活レベルを保つために、さらに大きな資金を要しますし、後継者を含む相続人には相続税の納税資金の準備も不可欠です。

こういった大きなお金がいつ必要になるかわからないのが、相続の困ったところですが、法人契約により会社を受取人とする生命保険に加入していれば、その時期にかかわらず手厚い保障が受けられます。

オーナー社長が退職する前に相続が発生した場合には、保険金をもとに普通退職金より多い死亡退職金を支払えますから、遺族は生活資金や相続税の納税資金をまかなうことが可能です。

相続発生が退職後であれば、会社は生命保険金を原資に、遺族から株式を買い取ることもできます。この資金があれば、遺族は相続税の納税資金や後継者以外に分配する財産に困ることがありません。また、退職金を支給する際に、現金ではなく生命保険契約そのものを退職金として支払うことも可能です。この場合には、その時点の解約返戻金相当額が支給額となりますので、返戻率が低い商品があれば、低い金額で生命保険契約を法人から個人に移転することが可能となります。

事例で挙げたHさんのケースでも、生命保険に入っていたため、かろうじて相続税が支払えた、とうかがいました。

このように、相続が発生したときには、株式や不動産だけでなく、自由に使える現金が手元にあると、非常に大きな安心感が得られます。生命保険にはこの安心感を保障しながら、株価を引き下げる大きな効果があるため、非常に人気の高い節税法となっているのです。

[図 10] 生命保険契約 (法人) による対策の仕組み

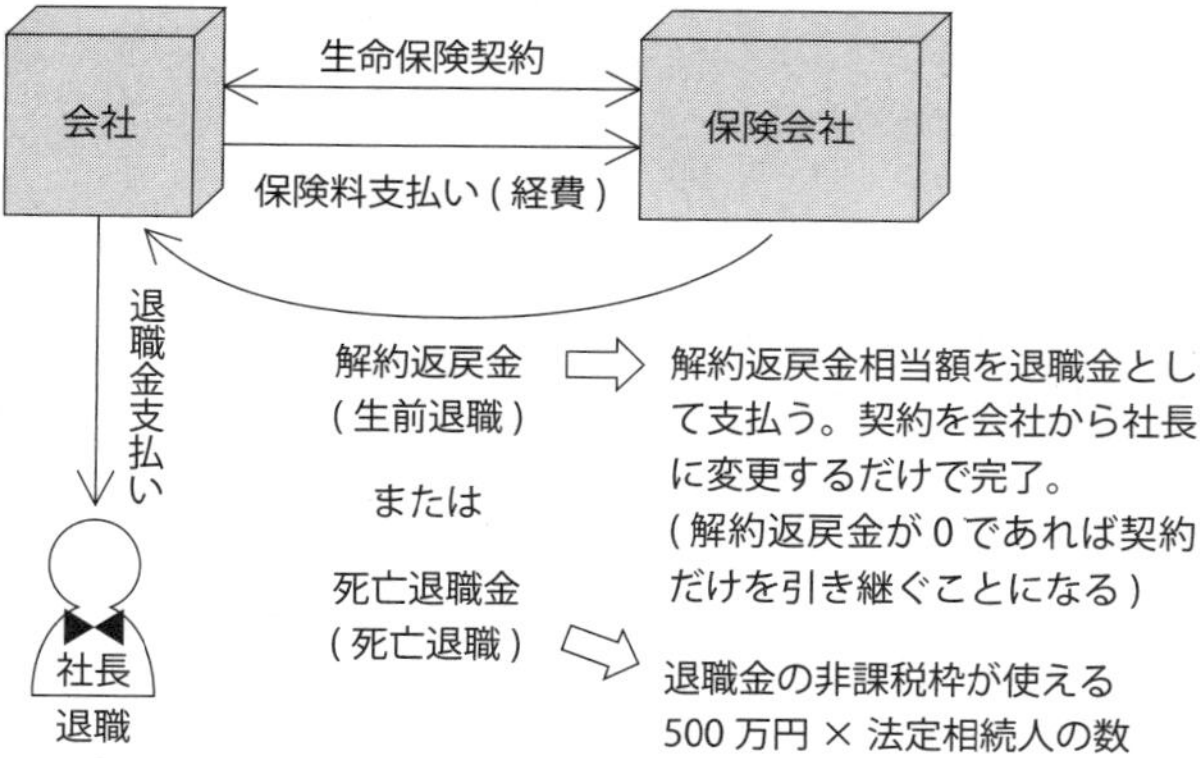

メリット

・会社の経費となるため、利益が減少し株価を下げる。
・退職金の原資として貯めておける（結果的に会社の現金を遺族に移転することができる）。
・退職金規程を定めておくことにより、指定した人に現金を残すことができる（後継者を受取人に指定することができる）。
・解約返戻金相当額を退職金支給額にすることにより、低い金額で法人から個人へ資産を移転することができる。
・退職後、法人で若い時に加入した生命保険契約が個人契約として残るので安心。

解決策⑤オペレーティング・リースを活用する

生命保険による節税はポピュラーな方法ですが、「長期間にわたって保険料を支払い続けなければならない」という特徴がデメリットになることもあります。

これに対して、一時的に大きな金額を支払って、株価を引き下げられるのがオペレーティング・リースの活用です。

あまり有名ではないので、「聞いたことがない」という方も多いのではないでしょうか。かつてのレバレッジド・リースに代わるもので、航空機のリース事業が代表的な例となっています。

航空機の他にも、船舶やコンテナ、プラント設備など中古市場が存在するアイテムのリース事業に出資してリース料から配当を受け取る投資の一種です。契約期間が終わると、リースされていた航空機などが売却され、その代金で出資金が償還されます。

出資したお金は、ごく短期間のうちに償却されるため、その間は大きな赤字が生まれ、株価が引き下げられます。一般的には出資した時点から2年間に大きな損金が発生するスキームとなっているものが多く、一時的に大きな利益を出した企業が、効果的な法人税の節税法として利用するケースが多いようです。

商品によって異なりますが、出資した事業年度からその翌事業年度にかけて、所得金額を大きく減少させる効果があります。たとえば2億円を出資した場合、その事業年度は1億8000万円を、翌事業年度には2000万円を損金として計上できる、といった具合です。

仕組みが少し複雑なこともあり、相続税対策として利用している企業はまだまだ少ないようですが、信頼できるリース案件を探して、検討してみるのもよいでしょう。

ただオペレーティング・リースは投資ですから、当然のことながらリスクもあります。

契約期間は5年〜15年程度に設定されていて、途中解約はほとんど不可能ですから、資金繰りが苦しくなったからといって、急にその資金を回収することは困難です。活用を考えるときには、「資金の余裕があること」「リスクの低い商品を選ぶこと」などをしっかり確認しておかなければなりません。

[図 11] オペレーティング・リースの仕組み

出資者がリース事業運営をSPCに任せ、そのリース事業の収益の分配金を受け取る契約。

(匿名組合…このオペレーティング・リースのために設立されたもの)

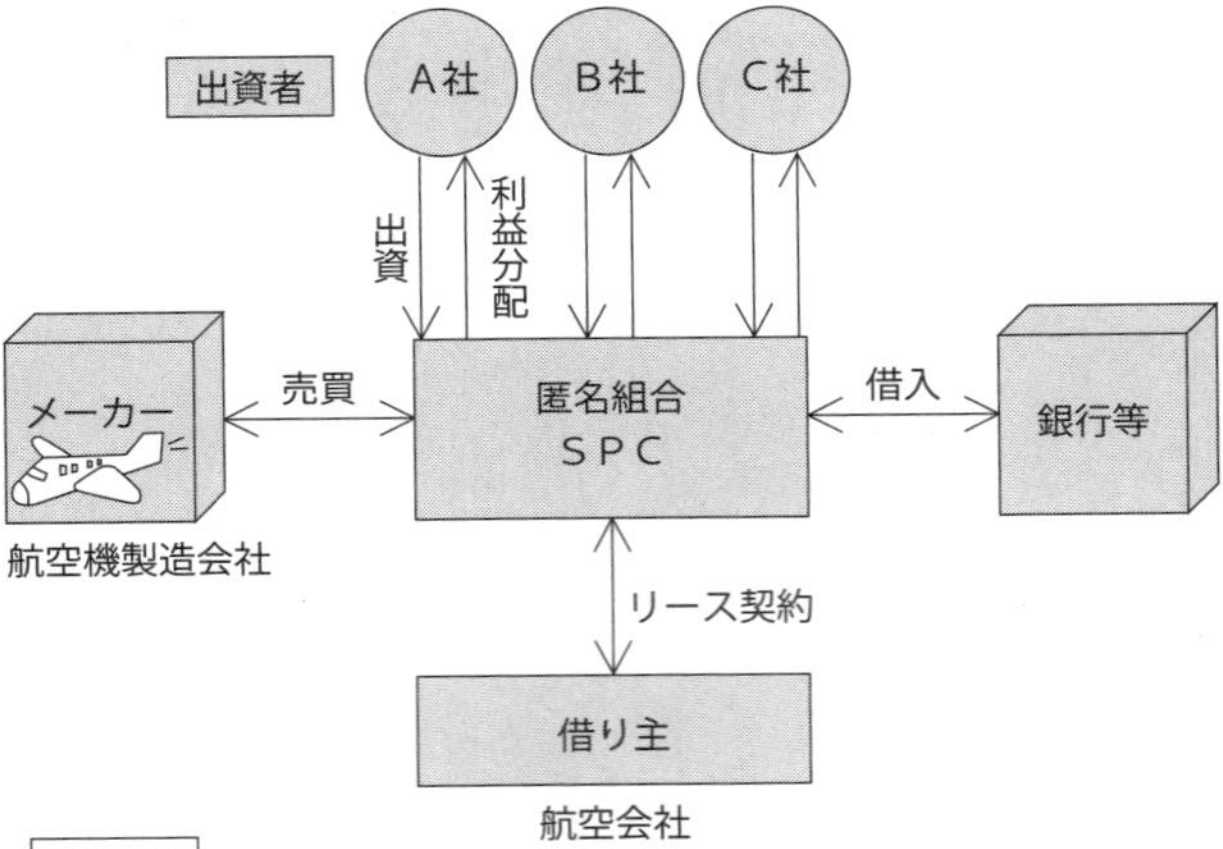

メリット

- 当初2～3年間は赤字となり損失が分配されることにより利益を圧縮できる。
- 出資なので一度だけの支払い。翌年以降はキャッシュは不要となり、損失だけが計上できることになる。

解決策⑥不動産を取得する

株価の評価に純資産価額方式や併用方式が適用される企業では、不動産を購入することで、株価を大きく引き下げることができます。

預貯金などの金融資産はそのまま100％の金額で純資産として評価されるのに対し、不動産は取得に要する時価より低めに評価されるためです。

具体的には、土地は路線価で評価され、建物は固定資産税評価額により評価されることになっています。地域によって多少違いますが、一般的には土地で時価の8割、建物で6割程度に評価されるので、預金から不動産に資産を組み替えるだけで、純資産を大きく減らすことができるのです。

わかりやすい例として、5億円の預金で自社ビルを建てるケースを考えてみましょう。自社ビルは建物ですから、5億円の6割にあたる約3億円の資産として評価されます。5億円を預金として持っている状態に比べ、2億円も純資産が圧縮されるのです。

また自社工場などを建てた場合には、建物だけでなく、機械装置やその他の設備投資も必要となります。国の政策として、新たな設備投資については、かなり大きな税制上の優遇措置がありますから、それらを適用すれば、減価償却費の即時償却や特別償却が可能です。設備投資そのものによる純資産の圧縮に加えて、こういった償却による利益圧縮効果も期待できるのです。

すでに自社ビルがあるなら、賃貸マンションを建てるのもよいでしょう。賃貸用不動産の場合には、さらに評価額が低く、建物では時価の4割程度と評価されることが多いようです。5億円を費やして建てた賃貸マンションは2億円と評価されるため、純資産は3億円も圧縮されます。

加えて、賃貸収入が期待できますし、会社の遊休地を利用した場合には、「貸家建付地」となるため、更地に比べて土地の評価額が大幅に下がります。地域によって違いますが、一般的には8割程度に下がることが多いようです。

一石二鳥、あるいは三鳥の相続対策といえるのがこの不動産取得による節税なのです。ただし、取得後3年間は取得額（5億円）での評価となるため効果はありません。早めに対策をしておくことが必要です。

解決策⑦不良債権の切り捨て・不良在庫の処分

不良債権とは、回収の見込みがない売掛金や貸付金のことをいいます。

歴史の長い企業では、なかなか回収をあきらめきれない貸付金や、過去の粉飾決算による架空の売掛金など、さまざまな負の資産を抱えていることがあります。

未回収の債権をあきらめることには、腹立たしい思いがあるかもしれませんが、後継者への事業承継を考えるなら、できるだけ早期にそういった「負の資産」を整理しておくのが得策です。

債権があると、たとえ回収がほとんど不可能なものでも資産とみなされ、株価の押し上げ要因となるためです。悔しい思いはあっても、相続について考え始めたことを「あきらめるきっかけ」ととらえ、思い切って整理を進めましょう。

というのも実はうまく利用すれば、この「負の資産整理」には、自社株承継のコストを抑える効果が期待できるのです。

その鍵となるのが「貸倒損失」です。不良債権を「貸倒損失」として損金に計上することで、利益を抑え株価を低下させることが可能です。

実際に整理する際には、この不良債権には「税務上の貸倒として認められるもの」と、「認められないもの」という2つのタイプがあることを認識しておく必要があります。

「取引先が倒産した」「民事再生中等の法的手続きをとっている」といった場合には、税務上の貸倒と認められますから、損金として簡単に処理することができます。

ところが、事業を行っていると、ここまで明らかではないが、回収はほとんど不可能、と思えるケースにもよく出会います。「請求書は届いているが資金繰りが苦しくて払ってくれない」「クレームにより払ってくれない」「連絡がつかない」などなどのケースです。このような場合には、税務上簡単には貸倒として処理できません。

そこで登場するのが、「債権放棄」という方法です。なんでも放棄すれば損金に計上できるわけではありませんが、「1年以上取引がまったくない」などの理由があれば、多くの場合税務当局も損金に計上することを認めてくれます。

少額の債権の場合には、「回収できる金額より、取り立てに要する費用の方が大きくなってしまう」という理由でも貸倒処理が可能です。

このように適用される範囲はある程度広いのですが、回収をあきらめても税務上、債権放棄を認めてもらえないケースもあります。そういった場合には、債権を放棄したことを「寄付」や「贈与」とみなされることもあるので、注意してください。「債権放棄の通知書」は郵便局で「内容証明」で送るなど、証拠書類を残す配慮も大切です。以上をまとめると左記のようになります。

【貸倒処理できるケース】

・倒産した
・更生計画や再生計画認可決定により切り捨てられた
・取引停止後、1年以上経過している
・同一地域の売掛債権の総額が取立て費用に満たない
・債権者の資産状況、支払能力から見て、その全額が回収できないと明らかになった
・書面による債務免除（債権放棄）

【債権放棄に必要な証拠書類】
・請求書を何度も送っているという証拠
・債務者の資産状況（債務超過状態）のわかるもの
・「内容証明」等で送った「債務放棄通知書」

そして、不良債権と同じく、放棄・処分することで損金に計上できるものに「不良在庫」があります。こちらも無価値でありながら株価を押し上げる、まさに二重の意味で「不良」と呼ぶべき負の資産です。

どの商品を不良在庫と考えればいいのかわかりにくいときは、「通常の価格で売ることが不可能な商品のこと」と定義すれば、理解しやすいかもしれません。まったく商品価値のないものや、価値が半額以下に下落している商品などは、どこの会社にも少なからずあるものです。

そんな不良在庫であっても、帳簿上は資産として計上されるため、不良債権と同様に、株価を押し上げる原因になっています。持っていると相続にとってマイナスなのです。

決算時に見直して、処分しておくことが望ましいのですが、「いつか売れるかもしれない」という淡い期待から、なかなか処分できない経営者の方も多いようです。

そういったこともあり、税務のお話を聞く中で、「処分したくないが、評価額は下げたい。どうにかできないか?」というご相談をよく受けます。

残念ながら、そんな魔法のような一手はなかなかありませんので、思い切って処分してしまうことをおすすめします。

処分すれば、損金として計上できますので、価値のない在庫が株価の引き下げに寄与してくれることになります。いつまでも抱え込んでいるより格段にメリットが大きい、と考えてみませんか?

不良在庫は残さず、事業承継に向けて、会社をスッキリ整理しましょう。株価は下がり、会社の倉庫もスッキリ片付きますので、決断する価値は十二分にあると思います。

解決策⑧含み損のある不動産を処分する

含み損のある不動産とは、取得価格に対して、時価が値下がりしている物件をいいます。仮に現在売却したとしても、買値より低い価格でしか売れない不動産のことです。「損失」を抱えていることになるため、「含み損のある不動産」といわれるのです。

バブル期に購入された建物や土地については、ほとんどがこの「含み損を抱えた不動産」になっています。このような不動産を思い切って処分してしまうと、損金を計上できるため、株価の引き下げに役立ちます。

含み損を抱えているのが遊休地ではなく、本社社屋などとして使われている不動産であった場合には、売却すると事業に支障が出るのでは、という心配がありますが、そういったケースでは、子会社や親会社に移転する、あるいは社長個人に移転して、移転後は賃借するという方法をとることができます。

株価の計算をする場合の純資産価額の引き下げに有効な方法です。株価の計算はとても複雑で、純資産価額の算定をする場合には、不動産の評価は相続税法の財産評価基本通達に基

［図 12］含み損のある不動産を処分し株価を下げる仕組み

ポイント 類似業種比準価額方式の純資産価額は帳簿価額で計算される

大会社	○○商事	
ⓑ：5.0 円（配当）	ⓒ：5,000 円（利益）	ⓓ：20,000 円（純資産）

株式の発行価額　500 円
発行株式数　10 万株
株式評価額　7,392 円

不動産 5 億円	負債 6 億円
その他 15 億円	純資産 14 億円

1 億円で売却（売却損 4 億円）⇒

現金 1 億円	負債 6 億円
その他 15 億円	純資産 10 億円

①　ⓓ：14,000 円　⇒（下がる）⇒　ⓓ：10,000 円

利益
4 億円下がるので
4 億 ÷10 万株＝4,000 円

②　ⓒ：5,000 円　⇒（下がる）⇒　ⓒ：1,000 円

＜株式評価額＞

$$400\times\left(\frac{\frac{7.0}{3.5}+\frac{5,000}{250}\times3+\frac{14,000}{200}}{5}\right)\times0.7=\mathbf{7,392}\text{ 円}$$

⇩ 下がる

$$400\times\left(\frac{\frac{7.0}{3.5}+\frac{1,000}{250}\times3+\frac{10,000}{200}}{5}\right)\times0.7=\mathbf{3,584}\text{ 円}$$

づいて評価するので、実際には路線価での評価額になります。この評価により含み損部分相当額は評価額が下がっているはずです。売却すると、なぜ株価が下がるのでしょうか。

それは、「類似業種比準価額方式」の計算の仕組みに理由があります。図12（141ページ）を参考にしてください。

株価の複雑な計算を完全にマスターすることは、なかなか至難の業です。これで下がるはず、と思っても、実は株価が上がってしまった、という失敗もあります。不動産の売却・購入については特に慎重に検討する必要があります。必ず専門家に相談するようにしてください。

解決策⑨組織再編税制を利用する

相続税対策として組織再編を利用する手法にはいろいろなものがありますが、大きく分けると①持株会社を設立する、②会社を分離する、③合併する、の3通りです。現在2社以上の会社を所有されている場合には、既存の会社を次の①や②の受け皿にすることも可能です。

会社の状況によって、有効な手法は異なりますから、自社に合う手法をしっかり選ぶことが大切です。

① 持株会社を設立する

持株会社とは「支配する目的で他の会社の株式を保有する会社」のことをいいます。株式を保有する以外に事業を行わない「純粋持株会社（いわゆる『ホールディングカンパニー』）」と、他に製造や販売などといった事業を営んでいる「事業持株会社」の2種類があります。新たに持株会社を設立する場合には、「株と一緒に事業まで移転するのか否か」で、このどちらになるのかが決まります。

もちろん既存の会社を持株会社にすることも可能で、その場合にはすでになにか事業を営んでいるわけですから「事業持株会社」となります。

株価の高い自社株を持株会社に持たせ、その持株会社の株式を後継者に移譲すれば、大きな節税につながることが多いのですが、安易に設立すると、かえってもとの自社株より高くなってしまうこともあるので、注意が必要です。

一般的に純粋持株会社は保有する資産が株式だけなので、株価を評価する際に純資産価額のみで評価されてしまう、ということになるためです。そんなことにならないよう、もし実現したら株価がどう変化するのか、十分なシミュレーションを行った上で設立するようにしてください。

図13（146ページ）では持株会社を既存の会社とし、B社とC社を設立したケースを一例として示していますが、会社によって状況が異なれば、さまざまなパターンが考えられますから、詳しくは法人の組織再編税制に詳しい税理士などに相談してみるとよいでしょう。

②　会社を分離する

たとえば業績の振るわない製造部門と業績の良い販売部門がある場合には、業績の良い販売部門を、後継者が新設した会社に譲渡します。つまり、後継者が出資して、100％の株式を所有する会社に、好業績の部門を移してしまうのです。

この譲渡により、当然のことながらオーナー社長が保有する株式の評価額は下がります。代わりに新設法人の株価は右肩上がりで上昇していくかもしれませんが、後継者が保有しているため、こちらは相続財産にはなりません。相続発生時に課税対象となるのは、業績の振るわない製造部門を抱える会社の株式だけなので、相続税についての心配は小さくなります。

会社の分離には他にも、株価の引き下げにつながる事柄がいくつか隠れています。

たとえば社員を新設法人に移動させる場合には、退職金を支給してもよいでしょう。損金として計上することで、一時的に利益を圧縮できるので株価は下落します。

また含み損が出ている不動産を分離することで、株価が引き下げられるケースもあります。

これ以外にも、譲渡ではなく、株式交換のような手法もあります。この場合には、譲渡ではないので、税金はかかりません。しかし、この手法はある程度、規模の大きな会社で、類似業種比準価額方式での評価が利用できる場合に効果がある手法です。

③　合併する

既存のグループ会社の中に、欠損金を抱えている会社がある場合、合併することにより株価を下げることができます。ただし、欠損金の引き継ぎについてはさまざまな要件がありますので、注意が必要です。

[図 13] 組織再編の方法

①持株会社を設立する

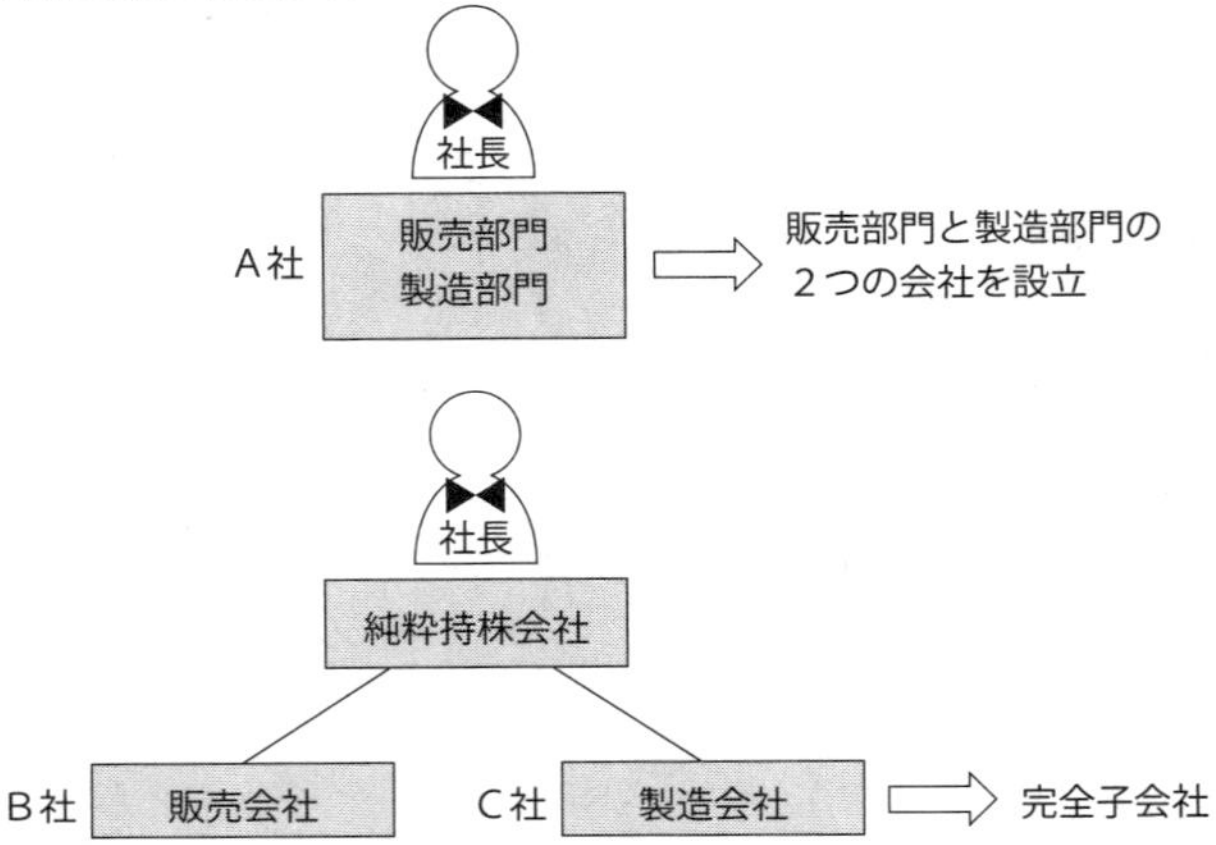

②会社を分離する

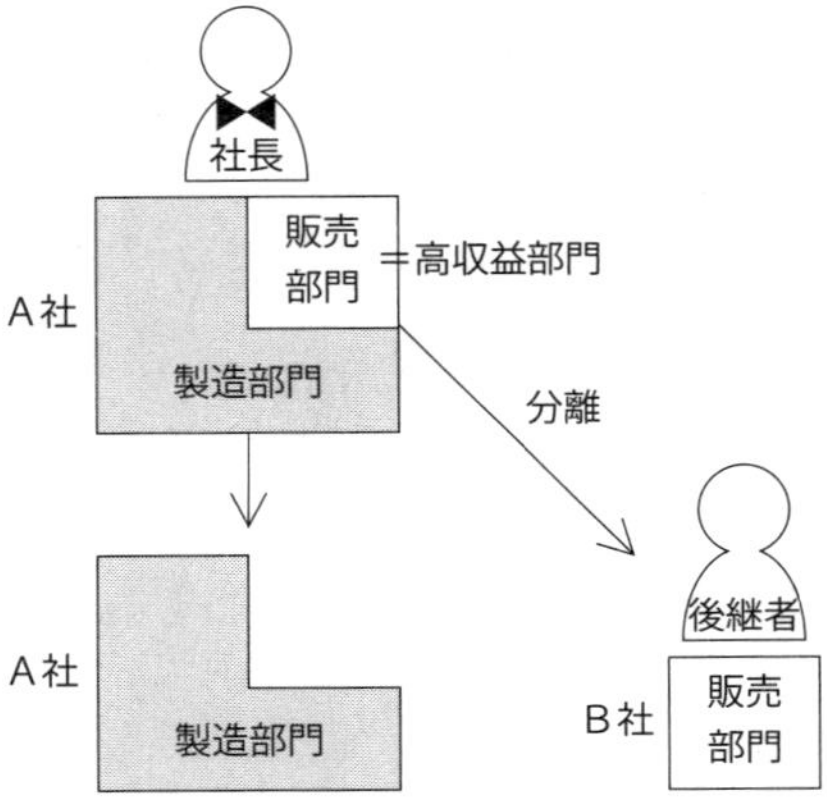

解決策⑩事業承継税制を利用する

自社株や事業用地など、事業に必要な資産を承継していくために支払う相続税は、中小企業の後継者にとって非常に大きな負担です。事業承継に失敗して倒産や廃業にいたる、といった悲劇はよく見受けられます。

本書では、さまざまな工夫を重ねて、少しでも負担を軽減できる方法を紹介していますが、税制を司る国側からもこの負担を減らしスムーズに事業承継ができるよう配慮する動きがあります。

平成21年の税制改革で設けられた「事業承継税制」はそんな配慮のひとつといえるでしょう。

自社株の相続や贈与について、一定の要件を満たせば相続税・贈与税が大幅に納税猶予される制度です。

適用される要件を満たし続ける限り相続税では80％、贈与税では１００％納税が猶予される上、後継者が死亡した際など、最終的には納税が免除になるケースが多いため、非常に利用価値の高い税制に思えます。

「ぜひ利用を」とおすすめしたいところですが、実際にはこれまであまり利用されてきませんでした。満たさなければならない「一定の要件」が非常に厳しく、また相続・贈与の後5年間も維持し続けなければならい要件もあったため、利用しづらかったのです。

要件には「会社についてのもの」「後継者や先代経営者についてのもの」「事業の継続に関するもの」「株式の保有に関するもの」「雇用の継続に関するもの」などがあり、すべてをクリアするのはかなり大変でした。さらに会社の事情などが変わって、その要件から外れると、すぐに猶予が取り消されてしまい、相続税や贈与税を支払わねばなりません。そのリスクがあまりに高いため、「使えない税制」の代表格とみなされてきたのです。

たとえば厳しすぎる要件の一例としてたびたび批判されていたものに、「相続・贈与時の雇用を毎年8割以上維持していること」というものがあります。

景気動向が悪くなると、企業は従業員のリストラで急場をしのぐことがあります。ところが事業承継税制を利用した会社が人員を整理すると、この要件に引っかかってしまい、多額の相続税・贈与税に加え、猶予期間の利子税まで支払わされることになるのです。

「先のことなんてわからないのに使えない」と敬遠されたのは当然のことでしょう。
ところが平成25年の税制改正で、この事情が大きく変わりました。雇用についての要件が、「5年間毎年8割を維持」から「5年平均で8割維持」に緩和されるなど、適用要件が大きく緩められたため、一転、この事業承継税制が「ぜひ使いたい税制」に昇格したのです。
次の適用要件を確認の上、ぜひみなさんも利用を検討してみてください。

【相続税納税猶予の主な適用要件】

先代経営者に関する要件

・会社の代表者であったこと。
・代表者だった当時、同族関係者と合わせて、議決権株式の50％超を保有していたこと。
・代表者だった当時、同族関係者の中で筆頭株主だったこと。

後継者に関する要件

・相続開始から5年間代表権を持っていること。

・相続開始時、同族関係者と合わせて、議決権株式の50％以上を保有していること。
・同族関係者の中で、筆頭株主であること。
・納税猶予を適用された株式をずっと保有し続けること。

【贈与税納税猶予の主な適用要件】

先代経営者に関する要件

・会社の代表者だったが退任していること。
・贈与の直前、同族関係者と合わせて、議決権株式の50％超を保有していたこと。
・贈与の直前、同族関係者の中で筆頭株主だったこと。

後継者に関する要件

・代表者であること。
・同族関係者と合わせて、議決権株式の50％以上を保有していること。
・同族関係者の中で、筆頭株主であること。

・納税猶予を適用された株式をずっと保有し続けること。
・贈与時に20歳以上であること。
・贈与時、役員等になって3年以上過ぎていること。

納税猶予というと、「いずれは支払うことになるの?」という疑問を持たれるかもしれませんが、猶予分の支払いを求められるのは、先にご紹介した通り、この税制を適用する要件から外れた場合に限られます。

要件から外れない限り、多くのケースで最終的には「納税の猶予」から「納税の免除」へと移行できます。

【相続税が免除される主なケース】
・自社株を相続した後継者が死亡した。
・自社株を相続した後継者から、さらに次の後継者が「贈与税の納税猶予制度」を利用して自社株の贈与を受けた。

[図 14] 非上場株式等の相続税納税猶予制度の適用要件

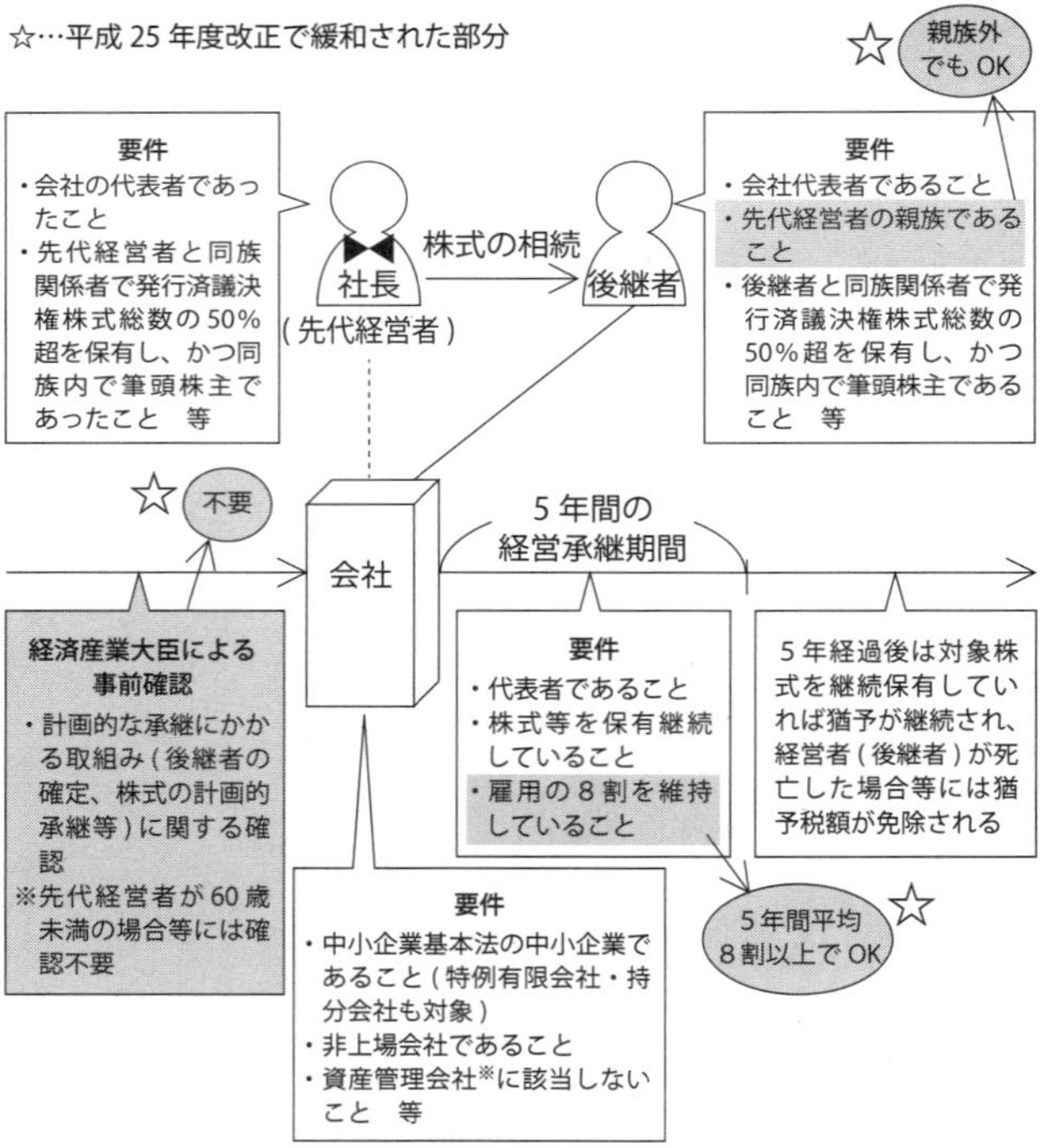
☆…平成 25 年度改正で緩和された部分
要件
・会社の代表者であったこと
・先代経営者と同族関係者で発行済議決権株式総数の 50%超を保有し、かつ同族内で筆頭株主であったこと　等
社長
(先代経営者)
株式の相続
後継者
要件
・会社代表者であること
・先代経営者の親族であること
・後継者と同族関係者で発行済議決権株式総数の 50%超を保有し、かつ同族内で筆頭株主であること　等
☆ 親族外でも OK
☆ 不要
会社
5 年間の経営承継期間
経済産業大臣による事前確認
・計画的な承継にかかる取組み(後継者の確定、株式の計画的承継等)に関する確認
※先代経営者が 60 歳未満の場合等には確認不要
要件
・代表者であること
・株式等を保有継続していること
・雇用の 8 割を維持していること
5 年経過後は対象株式を継続保有していれば猶予が継続され、経営者(後継者)が死亡した場合等には猶予税額が免除される
5 年間平均 8 割以上で OK ☆
要件
・中小企業基本法の中小企業であること(特例有限会社・持分会社も対象)
・非上場会社であること
・資産管理会社※に該当しないこと　等

※資産管理会社とは

資産保有型会社 ⇦ $\dfrac{\text{特定資産の合計額}}{\text{総資産額}} \geqq 70\%$

資産運用型会社 ⇦ $\dfrac{\text{特定資産の運用収入の合計額}}{\text{総収入金額}} \geqq 75\%$

特定資産…①有価証券等
②現に自ら使用していない不動産
③ゴルフ会員権、レジャー会員権
④絵画、彫刻、工芸品、貴金属等
⑤現預金、代表者・同族関係者等に対する貸付金・未収金

・会社が破産手続きに入った。

【贈与税が免除される主なケース】
・自社株を贈与した先代経営者が死亡した（相続税の納税猶予制度に移行）。
・自社株を贈与された後継者が死亡した。
・会社が破産手続きに入った。

いかがでしょうか？　事業承継を考えるなら、非常に利用価値の高い税制であることがおわかりいただけると思います。

さらにこの改正事業承継税制の特徴として、ぜひ覚えておいていただきたいことが、もうひとつあります。一般的な相続だけでなく、従業員が会社を承継する場合にも使えるようになった、ということ。

改正前は対象が親族に限られていましたが、新しい税制ではこの規制が撤廃されたのです。

事業を引き継いでくれそうな子どもがいない場合、「従業員の中から後継者を」と考えるオーナー社長は多いのですが、これまでは自社株の承継にかかる納税資金がネックとなることも少なくありませんでした。

この税制を利用することで、より広く後継者を探すことができるのは、大きなメリットといえます。

後継者を見つけられなかったHさんのケースでも、この税制をうまく利用していれば、従業員や親族の中から希望者が現れたかもしれません。

このように事業承継におけるメリットがとても大きい税制ですが、ご利用を考える上で、ひとつだけ留意していただきたいことがあります。

事業承継税制は相続する自社株全部に適用されるわけではなく、対象となる株数には上限があるのです。

議決権のある株式のうち、3分の2を持っていれば、後継者は重要な決議を単独で下せるようになります。そのため、3分の2に足りない分の株式相続についてのみ、適用できることとされています。

わかりにくいと思いますので、具体的な例を挙げてみましょう。

たとえば発行されている議決権株式が120株あるなら、その3分の2にあたる80株がまず基準となります。後継者がもし相続・贈与の以前に、30株を保有していた場合は、残り50株分の相続・贈与について、事業承継税制が適用されることになります。

解決策⑪従業員持株会を設立する

自社株相続の相続税を引き下げる有効な方法のひとつに、「従業員持株会を設立する」というものがあります。従業員の持株会を設立して、自社株を買ってもらうのです。

単純に、オーナー社長の持ち分が減りますから、相続財産そのものを大きく減らして、相続税を縮小する効果が生まれます。

かなり利用価値の高い手法ですが、そもそも自社株を引き受けてくれる従業員持株会とは、どのような団体でしょうか?

法律的には「組合」としてあつかわれる団体です。組織には、いくつかの種類がありますが、同族会社の場合には「民法上の組合」か「従業員が直接株主になっている直接参加方式」がよいでしょう。

「民法上の組合」とは、持株会自体が株主となり従業員が直接株主とはならないというものです。

とはいえ、労働組合などがある大企業と違い、中小企業では従業員が独自に組織を作って株を購入する例はほとんどありません。まずオーナー社長が主導して、持株会を設立し、さらには従業員の中から理事長や理事、監事を選任。入会資格や議決権、譲渡価額などを定めた規約も作成します。

そういった手順を踏んで持株会を作った後、オーナー社長は組合に対して、株式を売却します。

いくらで売ればいいのか、心配されるかもしれませんが、同族会社のオーナーが同族株主意外に株式を売るときには、配当金の10倍を基準とする「配当還元価額」を採用できます。発行価額での譲渡でもいいと思います。一般的には、配当還元価額の方が低い価額となります。いずれにしてもかなり低い価格になるため、株式譲渡益に対する課税などを気にする必要はありません。

会社の状況によっては、保有する株式を売却するのではなく、増資して従業員持株会に割り当てることもできます。その場合も、オーナー社長が保有する株の株価が下がりますから、結果的に相続財産が減り、相続税が軽減されます。

さて、ここまでは相続税対策として、従業員特殊会の設立をご紹介しましたが、実はそれ以外にも、さまざまなメリットがあります。

まず業績により配当を出せば従業員のモチベーションを引き出す効果が期待できます。規模の小さな会社では、個人の頑張りが業績に与える影響は大きいので、やりがいを実感してもらうにはもってこいのシステムといえます。

配当が重なれば、従業員の資産形成にもつながります。

オーナー社長にとってはさらに、社内に安定株主を得ることで経営基盤が固まる、というメリットも無視できません。また、いざというときには増資分を引き受けてもらい、資金調達源として利用することも可能です。

ただ、何事にも注意すべきデメリットはあります。

従業員持株会の場合にはまず、ある程度のコストがかかることを覚悟しておいてください。

まず、配当金が会社にとって負担になるという点です。持株会に入会した社員は、基本的に配当などで資産が増えていくことを期待していますが、定期的に配当を出し続けることは、会社の経営にとって一定の負担になります。

従業員が退職する際には、持ち分の株式を持株会もしくは会社側が買い取ることになるため、コストを要します。このとき誰がいくらで買い取るのか、あらかじめはっきりと決めておかないと、後でトラブルが発生する原因になりかねません。

さらに持株会設立のもっとも大きなデメリットとして気をつけたいのが、従業員が経営に参加する権利を持つという点です。1株あれば株主代表訴訟権を、さらに1%で株主提案権などを、3%あれば帳簿の閲覧権や役員の解任請求権などを従業員が保有することになるのです。

こういった権利を行使されると、会社にとって無用の混乱を招くこともあります。従業員とオーナー社長の関係がうまくいっているときはよいのですが、関係がこじれた場合には、株式保有により生まれる権利を従業員側が乱用する危険性も考えておいた方がよいでしょう。

リスクを避けるためには、従業員持株会に株式を譲渡する際、オーナー社長側は最低でも過半数、できれば特別決議に必要な3分の2以上の株式を保有しておくことが重要です。

従業員の持株会による経営への参画をストップするにはもうひとつ、「完全無議決権株式」を発行して譲渡する、という手段もあります。ただし発行株式の2分の1にあたる株数までしか発行できない、という制限には気をつけてください。

どうしても後継者が見つからないときはM&Aを活用する

Hさんのケースでは、後継者が見つからなかったため、最終的にM&Aで会社を買い取ってもらうことになりました。大切に守り、発展させてきた会社ですから、人手に渡すことについては、遺族の方にも残念な思いが強かったようです。

ただ、それでも会社が廃業になってしまうことに比べれば、ずいぶん良い結果だったと思います。

会社はオーナー社長だけのものではありません。長年、会社のために働き、発展、継続に力を尽くしてきた従業員もいるはずです。廃業、閉鎖ということになれば、そういった従業員にとっては、大きな痛手です。また、取引先など各方面に与える影響も小さくありません。そういったことを考えると、M＆Aは関係者がハッピーになれる可能性が高い選択肢といえるでしょう。

ちなみに円滑なM＆Aを実現するには、やはり準備期間が必要です。3～5年はみていただきたいので、「後継者が見つからないかも」という可能性があるなら、ぜひ早期に、税理士などの専門家にご相談ください。

事例11　相続財産の大半が自社株であるため争続に

自社株の相続で問題となるのは、相続税ばかりではありません。相続人同士の「争続」に発展することも多く、場合によっては兄弟姉妹の間で泥沼の訴訟合戦が起きることも珍しくありません。

その最大の要因となるのは、自社株以外の資産が少ないこと。第一章でも触れましたが、後継者である長男などが、事業を受け継ぐ都合上、この自社株をすべて相続してしまうと、他の兄弟姉妹から「不公平！」という不満の声が上がってしまうのです。

私たちがご相談を受けたIさんのケースはまさにその典型といえるものでした。

食品加工業を営むIさんには、妻の他、長男、長女、次男という3人の子どもがいました。このうち長男が事業を手伝い、長女は結婚して他県に居住。次男はごく普通のサラリーマンとして、他社で働いている状態でした。

普段から特に仲が悪い兄弟姉妹でもなかったため、Iさんも安心していたのでしょう。相続の準備としては、特に深く考えることなく、簡単な遺言書を作成しただけでした。

ところが、「自社株と事業用地のすべてを長男に相続させた上、預貯金の中から相続税を支払い、残りがあれば長女と次男で均等に分けなさい」という内容だったため長女と次男が反発します。

長男が相続する自社株の評価額は、10億円にものぼるのに対して、預貯金は2億円程度。さらにそこから相続税の納税資金を出せば、長女と次男には、数百万円しか取り分がありませんでした。

遺言書通りの分配に同意するよう求める長男に対して、2人は遺留分を主張。結局、争いは長期にわたる訴訟合戦に発展し、兄弟姉妹は口もきかない仲になってしまいました。

解決策⑫非後継者にも配慮した遺言書を作成する

円滑な事業の承継をお望みなら、遺言書の作成は欠かせません。しっかり不備のない遺言書を作成して、自社株や事業用の資産などを後継者に相続させることを明らかにしておくことが大切です。

遺言書には次の3つの形式があり、ケースによって選ぶことができます。

・自筆証書遺言

遺言者が自筆で書くもので、もっとも簡単に作ることができます。日付、署名、押印が必要です。執行にあたっては、遺言者の死後、家庭裁判所で検認を受けなければなりません。偽造や変造、紛失などのリスクがあり、法的な不備により無効になるケースも見られます。

・秘密証書遺言

遺言書があることは公にしながら、その内容を秘密にしたいときにとる形式です。遺言者が署名、押印して封印した遺言書を公証人と証人に確認してもらい、遺言者自身が保管します。自筆証書遺言書とは違い、パソコンで作成したものや、代筆してもらったものも認められます。執行時には、家庭裁判所による検認が必要です。

紛失や、法的な不備により無効になるリスクがあります。

・公正証書遺言

公証役場で公証人に作成してもらうものです。内容を公証人に確認してもらい、遺言書の原本は公証役場で保管されます。法的な不備が発生しませんし、紛失や偽造、変造の心配もありませんから、もっとも確実な遺言書作成方法です。執行にあたって、家庭裁判所の検認は必要ありません。

ご覧いただいてわかる通り、事業を確実に承継したいとお考えなら、やはり紛失や不備、偽造などのリスクがない公正証書遺言書がおすすめです。

遺言書の形式が決まったら、次は肝心の内容について、吟味していきましょう。

ここでポイントとなるのが事業を承継しない相続人に対する配慮です。中小企業を経営するオーナー社長の相続では、Iさんのように「相続財産のほとんどが自社株」という極端なケースが少なくありません。

この場合、遺言書で「自社株と事業用の資産すべてを後継者である長男に譲る」と指示しておいても、その通りにならないことがあります。遺産相続には「遺留分」という制度があるためです。相続人に一定割合の遺産相続権を認めたもので、遺言書にどう書かれていても、この遺留分は確保されます。

法定相続人のうち、兄弟を除く配偶者、子ども、親について認められていて、法定相続分の2分の1が遺留分となります。配偶者の場合、法定相続分2分の1ですので、その2分の1である4分の1が遺留分となります。

「すべてを長男に……」という遺言書があっても、兄弟姉妹が「お兄ちゃんだけズルイ！」と不満を持てば結局、遺留分を分け与える必要が出てくるのです。

［図 15］ 遺留分とは

順位	相続人	法定相続分	遺留分
1	配偶者と子	配偶者　1/2	1/4
		子 1/2 → 人数割	1/4 を人数割
2	配偶者と直系尊属	配偶者　2/3	1/3
		直系尊属　1/3	1/6
3	配偶者と兄弟姉妹	配偶者　3/4	3/8
		兄弟姉妹　1/4	×
4	配偶者のみ	すべて	1/2 を人数割
5	配偶者がいないとき	1　子	1/2 を人数割
		2　直系尊属	1/2 を人数割
		3　兄弟姉妹	×

長男・長女・次男が相続人となるIさんのケースを例に検証してみましょう。相続財産は自社株10億円と預貯金2億円となっています。遺留分は法定相続分の2分の1ですので、配偶者が4分の1、子どもたちが12分の1となります。

「事業を受け継ぐ長男に自社株すべてを相続させる」という遺言書を書いたとしても、長女と次男にはそれぞれ遺留分として相続財産の12分の1を受け取る権利があります。

それぞれ約1億円を請求できるので、これをまかなうには、株式を分け与えたり、売却して現金を作ったりする必要が出てきます。

事業承継に大きな障害が発生することにも

なりかねません。

そういった事態を避けるために、非後継者である相続人には、現金や預金、有価証券や生命保険などから一定の財産を相続できるよう、生前から計画しておくのが賢明です。その上で、事業に関わらない相続財産を非後継者で分けるよう指示するのです。

Iさんのケースでも、こういった準備により長女や次男が相続できる資産が確保されていれば、気持ちの面でも「お父さんはちゃんと気にかけてくれていた」と納得してもらえたのではないでしょうか。

心情的な面をケアするためには遺言書に「付言」として、被相続人の事業承継にかける思いや、生前の関係に対する感謝の気持ちなど、相続人に気持ちを伝えるメッセージを書き記しておくのもおすすめです。

言葉にすることで、相続についての考えがしっかり伝わり、トラブル回避にも役立ちます。

なお、自社株の相続について書き記す際には、「○万株を○に……」というように、株数を明記するのではなく、「○％を○に……」というように、割合で表記しておくとよいでしょう。増資などで株式の発行数が変わった場合も、パーセンテージ表記であれば、議決権の確保が危うくなる、といったリスクを避けることができます。

解決策⑬黄金株を利用する

高額の自社株を生前から少しずつ、後継者に贈与していけば、移譲にかかる税金を大きく抑えることができます。

Iさんのケースでも、相続時に一括で譲るのではなく、名義を少しずつ長男のものに変えていれば、相続税の負担はずいぶん抑えられたはずです。

さらに生前贈与には、相続税対策というだけでなく、後継者に経営者としての意識を持ってもらう、という意味でも大きな効果があります。相続として一気に移譲するよりメリットは多い、といえるかもしれません。

ところがオーナー社長の中には、「そういった効果はわかっているが、なかなか踏み切れない」という方も多いようです。

厳しい環境の中で事業を築いてきた方から見ると、しっかり育てた後継者であっても、いざというときに判断を誤らないか、心配がつきないためです。

「生前から自社株を贈与していきたいが、目を光らせていないと安心できない」という、そんなオーナー社長におすすめの制度があります。

会社法で定められた「種類株式」と呼ばれるもので、中でも強力な拒否権を持つ黄金株（拒否権付株式）を利用した制度なら、安心して円滑に事業を譲っていきたいオーナー社長にぴったりです。

種類株式は平成18年に施行された会社法によって定められたもので、権利や制限などが異なる9つの種類があります。それぞれの内容を組み合わせることもできるので、実際にはなんと数千通りの種類株を作ることも可能です。

この種類株のひとつである黄金株は、たった1株でも株主総会や取締役会の決議を拒否できる強力な議決権を持つ株式です。重要な経営方針は、株主総会や取締役会で決定されますが、黄金株さえ持っていれば、そういった決定を一人でひっくり返すことが可能です。

たとえば、後継者が不適切な人材を幹部に迎えようとしているとき、あるいは会社にとって不利益の方が大きいと思える合併を決めようとしているときなど、「経営判断が間違っている」と感じた場合には、黄金株を持つ先代社長はその方針を反故にできるのです。

「信頼しているが、まだ重要な決定を任せられない」という後継者に事業を引き継ぐときは、先代社長がこの黄金株を発行して握っておき、普通株については贈与税対策を行いながら後継者に贈与していく、という方法を検討してみてはいかがでしょう？

その後、「完全に任せても大丈夫」と判断できたときは、相続の際、後継者に黄金株を譲れば、安心して円滑に事業承継を進めることができます。

このように強い力を持つ黄金株ですが、相続税評価額は普通株と変わりませんから、最終的に黄金株を贈与、あるいは相続するときには、特に追加の課税はありません。経営権を残すために、オーナー社長が自社株の過半数を握ったまま相続が発生すれば、多額の相続税が課税されます。黄金株だけの相続なら、それに比べて納税負担は格段に小さくなります。

黄金株にはさらに、応用的な使い方もあります。

たとえば144ページでご紹介したように、好調の会社から収益の大きな部門だけを独立させて、別会社を設立するとき、先代社長は新会社の黄金株だけを持つようにするのです。

これにより好調部門が抜けた旧会社の株価は大きく下がりますし、後継者が大半を保有している新会社の株は相続財産になりません。相続税はずいぶん大きく圧縮されます。

さらに、このようにある程度時間をかけた事業承継とは逆に、オーナー社長が急病などで倒れ、自社株を後継者に集中して相続させる猶予がないときにも、黄金株は有効です。

自社株が分散してしまうと、経営が大混乱する危険性が高まり、後継者以外の相続人や幹部社員が、経営方針で対立するといったトラブルも珍しくありません。

黄金株を発行して後継者に持たせれば、こういった危機を乗り切るための大きな武器として役立てることができるのです。

ただしこのように、権限の強い種類株式だけに、黄金株は思いつきでいきなり発行することはできません。発行するには株主総会の特別決議、すなわち議決権の過半数を持つ株主が出席した株主総会で、3分の2以上の賛成が必要です。

また発行する際には、その黄金株がどんな事柄を拒否できるのか、拒否権の範囲を決めておかなければなりません。取締役の選任や解任、合併など、さまざまなケースを想定して、発生しそうな問題を広くカバーできるものにしておくとよいでしょう。

発行にあたって想定すべきことはさらに、いくつかあります。たとえば孫やその先の代まで相続が重なった場合、この強力な権限を持つ黄金株が思わぬ人の手に渡ってしまうかもしれません。

友好的ではない企業などに取得されれば、経営にとって大きな脅威になります。そういった事態にならないよう、黄金株を種類株式のひとつである「譲渡制限株式」にしておくのがおすすめです。譲渡する際には株主総会の承認が必要になりますから、敵対する第三者に取得される危険性を抑えることができます。

将来的なリスクとしてはもうひとつ、黄金株を持つオーナー社長が健康を損ねた場合のことも、考えておいた方がよいでしょう。正常な経営判断ができなくなったときに、代わりに判断してくれる人を選んでおく「任意後見契約」を結んでおくと安心です。

「自社株」相続に関わるその他の対策

ここまでは、実際にあったご相談を事例に挙げ、対策を解説してきましたが、ここからは事例以外にも、起こりうるトラブルへの対策や有効な制度の活用法をご紹介します。

解決策⑭返るあてのない社長からの借入金はDESで解決

景気の冷え込みが長引く中、会社の資金をまかなうために、オーナー社長個人が会社に貸付を行うケースが増えています。

ところがこの貸付、もはや「返ってこないもの」とみなされていることが少なくありません。経済状態がよくなったときも、金融機関などからの借入返済が優先され、社長への返済はついつい後回しになってしまうためです。

オーナー社長が健在なうちは、それでもよしと考えられますが、相続の際には大きな問題となります。被相続人の貸付金は相続財産に含まれ、相続税の対象となるのです。

当然、自社への貸付も課税対象になりますから、この貸付金がもたらす納税負担が後継者を含む相続人に、重くのしかかってきます。

会社に返済するだけの余力があればよいのですが、会社への貸付金がかさんでいるような状態では、あまり期待できません。相続人は返ってくるあてがない貸付金について、多額の相続税を支払わなければならなくなります。

この問題を解決する方法に、ＤＥＳと呼ばれるものがあります。ＤＥＢＴ（債務）ＥＱＵＩＴＹ（資本）ＳＷＡＰ（交換）の略で、簡単にいってしまうと、会社への貸付金を株式に変えてしまう手法です。

相続税の課税評価額を決めるとき、債権はほぼそのままの金額で評価されます。会社に対するオーナー社長の貸付が1億円あれば、課税評価額はそのまま1億円となるのです。ところが、ＤＥＳにより非上場企業の株式に変えてしまうと、評価方法が変わります。

110ページでご紹介しているように、株式は「類似業種比準価額方式」もしくは「純資産価額方式」という計算方法で評価額が決められます。評価額を下げる工夫が多数ありますから、多くの場合、ＤＥＳで貸付金を株式に変換してしまえば、評価額を大きく下げることができるのです。

ＤＥＳには「現物出資法」と「現金振替法」という2つの手法があります。

現物出資法は会社がオーナー社長個人からの借入金を現預金で返済する代わりにその価値に見合う株式を発行するもの。現金振替法は会社の増資に対して、オーナー社長個人が現金を支払い、その代わりに株式を引き受ける手法です。会社は支払われた現金でオーナー社長に借入金を返済します。

現金振替法には借入金に見合う現金が必要なので、相続税対策としてＤＥＳが行われるときには、現物出資法をとるのが一般的です。

かなり利用価値の高い方法なのですが、以前は出資価額が５００万円を超える場合には検査役の調査や税理士の証明が必要とされるなど、手続きが複雑だったこともあり、利用する人はそれほど多くありませんでした。

平成18年の会社法改正で、その手続きが簡素化されたため、近年は相続税対策として活用されるケースが増えています。返るあてのない貸付がある方には、強くおすすめしたい相続税対策のひとつです。

ＤＥＳについては、相続税対策としての意味の他に、「オーナー社長から一方的に借金していた状態をあらためることができるので、財務のバランスがよくなる」という面を評価する人も多いようです。

「借入金」が減り、資本が増強されることで、会社の信用度が高まることは、たしかに大きなメリットです。

このように、利点の大きいDESですが、会社の状況によっては、資本増強によるマイナス面に注目すべきときもあります。

資本金が1億円を超えると、交際費の損金算入ができなくなります。また中小法人に対する軽減税率や、設備などの特別償却なども適用されません。

さらに法人事業税や法人住民税の均等割部分が増加するなど、事業を行う上でかかる税金が増える、というデメリットは無視できません。

他の節税法と同じく、相続税対策と事業全体への影響をしっかり見極めた上で、DESの利用やその規模を計画するのが賢明ですので、税理士などの専門家に相談するのがおすすめです。

解決策⑮相続時精算課税制度を活用する

オーナー社長から後継者への自社株承継を考えるとき、贈与にするか、相続にするかは悩ましいところです。贈与に比べ、相続の方が基礎控除枠が大きく、税率も低いのですが、相続時の「時価」で評価されるため、その時点でもし会社が好調であれば、税額が大きくなります。

一方、贈与には時期を選べる、というメリットがあるものの、基礎控除枠は小さく、税率は相続に比べてずいぶん高くなります。

どちらにも一長一短がありますから、「絶対にこっちがお得」ということはないように思えます。

ケースにより組み合わせていくしかないわけですが、実は1つだけ、この2つの「いいとこ取り」をできる制度があります。「相続時精算課税制度」と呼ばれるものです。

65歳以上の親から20歳以上の子どもに対して財産を贈与する際、2500万円までは贈与税の支払いが猶予される、というもの。猶予された贈与税は相続時に精算します。

贈与する財産の総額が父・母ともに2500万円になるまで、複数年度にわたって利用でき、2500万円を超える贈与については、一律20％の贈与税が課税されます。

たとえばAさんが父親から3000万円、母親から2500万円を贈与された場合、父親からの贈与分のうち2500万円を超える500万円分に対してのみ、20％の贈与税がかかります。つまり、たった1００万円で5５００万円の贈与ができる、ということになります。相続時にはあらためてこの贈与も相続分に含めて精算し、相続税からこの1００万円を控除し、控除しきれないときには、還付を受けることができます。

もともとこの相続時精算課税制度は親世代から子ども世代への贈与を増やし、贈与を受けた人がお金を使えば景気対策になる、という発想で作られた制度です。

それが自社株の相続にも使えるのは、税制の面白いところ、といえるかもしれません。

この制度が自社株相続の節税法として有効なのは、相続時に精算する際、贈与時の株価が適用されるためです。相続時精算課税制度を利用して自社株を贈与した場合には、相続税の計算上「相続発生時の時価」ではなく、「贈与時の時価」に、相続税の税率が適用されることになるのです。

これまでご紹介してきた通り、株価を一時的に下げる手段はいろいろあります。ただ、相続が発生するタイミングはわからないので、その時点に合わせることは簡単ではありません。一方、贈与のタイミングは自分で決められますから、その瞬間に株価が下がるよう操作することは、比較的簡単です。

ですからさまざまな工夫を組み合わせて一時的に株価を下げ、その株価のもとで相続時精算課税制度を利用した自社株の贈与を行えば、相続時にはその株価で精算されるため、非常に大きな節税効果を生み出すことができるのです。

この制度には他にも、「将来的に価値が上がる資産を低い評価のうちに譲ることができる」「相続に必要な資金を早めに確保することができる」などのメリットもあり、非常に利用価値の高いものといえます。

ただ、実際に活用するときには、ひとつ気をつけておかなければいけないことがあります。相続人が後継者1人であればよいのですが、他に兄弟姉妹などがいる場合には、「後継者だけが贈与を受けるのは不公平」として、相続時に分割のやり直しを求められることがあるのです。

相続人が複数いる場合、特定の誰かだけが贈与を受けることを「特別受益」と呼びます。この特別受益をそのままにして、残りの財産を相続時に分けると、当然のことながら相続人の間で不公平が生じます。

そこで民法には、「相続時には特別受益をいったん戻してから、各相続人の相続分を計算し直しなさい」という規定があるのです。

この規定に従って、すでに贈与したつもりの自社株を戻して計算すると、それぞれの相続人の遺留分が大きくふくらみます。

ふくらんだ遺留分を求めて後継者以外の相続人が「遺留分減殺請求」を起こせば、遺留分を侵害する原因となった自社株の贈与そのものが一定割合で無効とされることもあります。

こんな風に説明すると、「なんだ、便利そうに見えたが、他に相続人がいる場合には使えないじゃないか」と思われるでしょうか。

実はこういったトラブルを避けるために、相続時精算課税制度を利用する方法もあるので、ご紹介してみます。

後継者以外の相続人に遺留分を放棄させるために、この制度を使うのです。

やり方は簡単です。被相続人となるオーナー社長が元気なうちに、この制度を利用して後継者以外の子どもにも資産を譲り、その代わりに遺留分を放棄させてしまえばよいのです。

遺留分の放棄には家庭裁判所の許可が必要で、代償をしっかり受け取っているなど、公平性の確保が条件のひとつとなっています。相続時精算課税制度を利用した贈与によって、そ

［図 16］ 相続時精算課税制度

① 満 65 歳以上の親から満 20 歳以上の子ども (養子も可) である推定相続人に限定。
② 贈与する時には 2,500 万円まで税金がかからない。2,500 万円を超えたら 20%の贈与税がかかる。
③ 相続時に精算することになるが、評価額は贈与時の評価額となる。

（例）

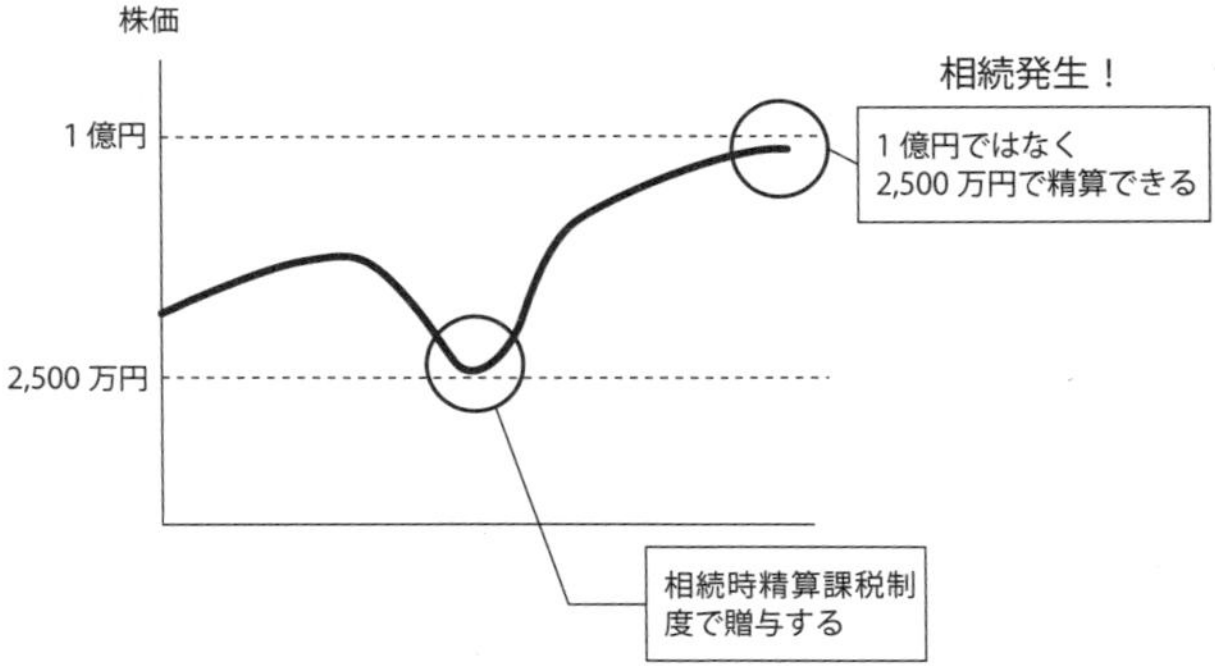
株価
1 億円
2,500 万円
相続発生！
1 億円ではなく
2,500 万円で精算できる
相続時精算課税制度で贈与する

相続財産 1 億円→2500 万円に圧縮できる

の条件を満たすのです。

被相続人が生きている間に、相続人に「相続放棄」をさせることはできませんが、「遺留分放棄」は可能です。

被相続人となるオーナー社長にとっても、円満な相続を確信できる、というメリットには大きな意味があると思います。

解決策⑯時価発行増資で資産を圧縮する

ここまで自社株相続の苦労をたくさん並べてきましたが、相続には逆に「自社株相続を利用して相続税を引き下げる」というマジックのような手法があります。

それが時価発行増資。

先にご説明してきた通り、預金などの金融資産は、そのまま１００％の価値で相続財産として評価されます。オーナー社長が持つ１億円の預金は１億円の相続財産としてそのままの価額で評価されるのです。

一方、上場していない会社の株価は、これまでにも何度かご説明した通り、「類似業種比準価額方式」と「純資産価額方式」という2つの評価方式によって算定され、どちらを採用するかによって、評価額は大きく違ってきます。相続財産としての評価は一定していないのです。

それならば、増資により自社株を発行し、預金を使ってオーナー社長が購入してみたらどうでしょう?

ちなみに、新株を特定の誰かに割り当てる増資を「第三者割当増資」といいます。オーナー社長が買い取る場合も、やはりこの第三者割当増資になります。

新株は一定の価値がある資産ですから、第三者割当増資を行う際には、「時価」で買い取る必要があります。それ以外の価格で買い取った場合には、贈与とみなされ、高額の贈与税が課税されてしまうのです。

この場合の時価とは相続税評価額。つまり純資産価額方式か類似業種比準価額方式を使って算出した価額のことをいいます。

一般に、純資産価額方式を用いた方が、類似業種比準価額方式を用いるより、株価はかなり高くなります。増資による相続税圧縮のマジックでは、この差を利用します。

たとえば、ある会社の株式について、純資産価額方式では4万円、類似業種比準価額方式では1万円という時価が出たとしましょう。

純資産価額方式で算出した時価、4万円で新株を発行し、オーナー社長が預金の中から1億円を使って購入した場合を考えてみます。購入できる株数は「1億円÷4万円＝2500株」となります。

相続時にこの2500株を類似業種比準価額方式の価額「1株あたり1万円」で評価できれば、1億円で購入した株は、一気に2500万円にまで価額が下がります。預金のままなら1億円の相続財産でしたが、時価発行増資を行ったことで、4分の1に圧縮することができたのです。当然、その分の相続税も軽減されます。また、預金ではなく、含み損のある土地・建物等で現物出資する方法もあります。含み損のある不動産であれば、譲渡所得税もかかりません。含み損と含み益のある不動産をセットで現物出資すれば、含み益と含み損が相殺され、譲渡所得税はかかりません。しかし、個人の所有不動産が法人に移転しますので、相続財産から除外されます。しかも、不動産所得も減少しますので、所得税も節税できます。

さらに時価発行増資には、相続税対策とは別に、経営上のメリットがあることも覚えておいてください。

資本の増強です。もともとこの時価発行増資が導入されたのは、相続税対策ではありません。企業の資本を充実させ、国際競争力を強化するため、１９６８年に施行された制度なのです。

金融機関からの借り入れとは違い、返済や利息の支払いは不要ですから、企業にとって非常にメリットの大きな制度です。

第四章　信託を組み合わせ、後代まで財産を守る

相続・事業承継×信託

信託と聞くとどんなことを想像されるでしょう？

一般的には「投資信託」や「遺言信託」「信託銀行」といった言葉を頭に浮かべる方が多いと思います。しかし、相続や事業承継で利用される信託はこういったものとは異なるひとつの「制度」です。

実はつい最近まで、信託が相続や事業承継で活用されることはほとんどなかったのですが、平成19年9月に信託法の大改正と税制改正があり、一気に注目を浴びるようになりました。改正により税制上も、相続や贈与、事業承継において信託を有効に活用できるようになったためです。

とはいえ、まだまだ知らない方が多数派です。本章では信託の素晴らしさを少しでも感じていただけるよう、一部ではありますが、相続や事業承継における信託の利用法について、紹介させていただきます。

あらゆる悩みを解決してくれる信託

「信託」とはその文字の通り、「信じて託すこと」です。

ただし、誰がどういった目的でなにを託すのか、という違いによってさまざまな組織や制度があり、なかなかひとくくりに語ることはできません。

たとえば「投資信託」は、個人や企業が利益を上げてもらう目的で投資のプロに資産を託すものですし、「遺言信託」は遺言書の保管と執行を託す、いわば「公正証書遺言」と同じサービスです。

どちらも「信託」ですが、中身はまったく違います。これから私たちが説明しようと考えている信託もこれらとは異なるもので、相続や事業承継で利用できる、少し広い意味での「信託制度」になります。

信託制度の基本は、Aさんが信頼できる誰かに財産を託し、Aさん自身やAさんが指定した別の人物のために適切に管理してもらう、というものです。

さまざまな効果が期待できる魔法のような制度ですが、大まかにいうと、その効果は「財産管理」と「財産承継」に分かれます。

ヨーロッパでは中世から、米国では1880年代から、広く利用されてきました。洋画をよくご覧になる方なら、映画の中で「信託財産」という言葉を耳にされたことがあるかもしれません。

この信託制度を理解するために、まずは基本となる3人の登場人物を覚えておいてください。「委託者」「受託者」「受益者」です。

「委託者」はその名の通り、持っている財産を「委託」する人です。これに対して「受託者」はその委託を受けて財産を管理する人。最後の「受益者」は、その財産から得られる利益を受け取る人です。

こういった関係が、実際にどのような形で利用されているかイメージする場合、一般的にはその名の通り、信託銀行が財産を預かる受託者になる、と思われがちです。ところがこれは誤解で、信託銀行は「信託法」に基づく信託業務の受注はしていません。

事業として受託者の役割をつとめているのは「信託会社（信託銀行とは異なります）」と呼ばれる民間企業で、こちらは国内に16社（平成25年12月末時点）ありますので、興味のある方は、インターネットなどで調べてみるとよいでしょう。

ただ、受託者になるには、特に資格や制限はないので、委託者本人（「自己信託」と呼びます）、家族、同族会社などがこの役割を担っても問題ありません。

親族が受託者となる信託には、費用があまりかからない、というメリットがありますが、複雑なケースになると負担が大きいので、財産の管理・運営が比較的簡単なものが適しています。

なお、信託では主要な3者以外に、「指図代理人」と呼ばれる人物を設定する場合もあります。受益者に代わって、受託者に対して指示を出す役割で、通常は専門家がこの役割を請け負いますが、自己株式を信託する場合などは、オーナー社長自身が「指図代理人」となるケースも見られます。

[図 17] 信託制度の基本

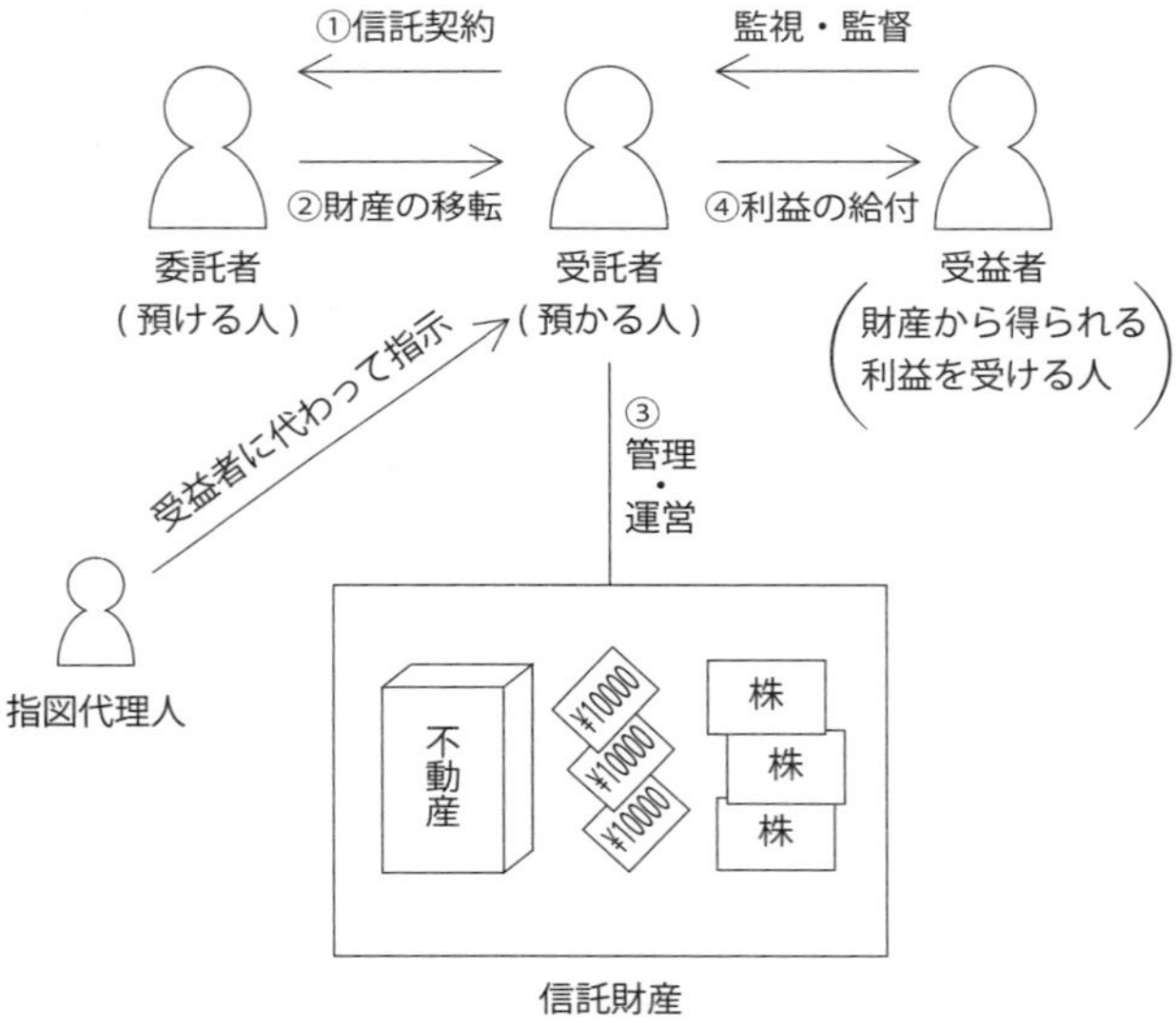

①信託契約
監視・監督
②財産の移転
④利益の給付
委託者
(預ける人)
受託者
(預かる人)
受益者
財産から得られる利益を受ける人
受益者に代わって指示
③
管理
・
運営
指図代理人
不動産
¥10000
¥10000
¥10000
株
株
株
信託財産

信託財産はいったい誰のもの？

信託でまず理解していただきたいのは、「信託された財産の所有者は形式上と実質で異なる」ということです。

委託者が財産を信託した場合、形式上の所有権は受託者に移ります。そのため株式であれば、株主名簿を書き換えなければなりません。

不動産であれば、所有権の移転登記を行うため、受託者はその権限で賃貸契約や管理契約を結んだり、売却したりすることが可能となります（所有権移転登記に要する登録免許税はかかりません。不動産取得税も非課税。課税されるのは信託登記の登録免許税0.4％のみ）。

もちろん、委託者が「勝手に売却されては困る」と考える場合は、受託者の権限に制限を設けることができます。信託契約に定めておくことで、受託者にできることをあらかじめ規定しておけるのです。

このように、形式的な所有権が受託者にあるのに対し、実質的な所有権は信託された財産から利益を得る受益者にあります。

この関係を賃貸用不動産の信託を例に整理してみましょう。登記簿上の所有者となり、管理するのは受託者なので、入居者が支払う賃料はまず受託者の口座に振り込まれます。ただしそのお金は受益者のものなので、受託者が勝手に使うことはできません。一定の信託報酬をとる契約になっている場合には、その報酬を差し引いた残りを受益者の口座に振り込むことになります。

信託でなにができるのか

信託にできることを一言で言い表すことは非常に困難です。極端にいえば「なんでもできる救世主のようなもの」と表現できるかもしれません。

とはいえ、それではわかりにくいので、具体的な活用事例を挙げて、ご説明してみましょう。

【ケース1】

息子に財産を生前贈与したいが、もし息子が嫁より先に亡くなった場合、財産が嫁に相続

されてしまうのではないか心配。

先祖代々受け継いできた土地など、「どうしても、直系の親族に承継していってほしい」と考えている財産がある場合には、信託を利用することがとても有効です。

遺言書でも対応できそうですが、1回だけしか財産の承継者を定めることができない、という難点があります。

ところが「遺言代用信託」を利用すれば、あらゆるケースを想定して承継順位を定めることが可能です。自分が亡くなった後の承継順位も、「AからBに、BからCに、CからDに……」と定めることができるのです。

ケース1のような状況では、贈与した財産について、息子が委託者兼受益者、親が受託者となる信託契約を結びます。

財産から上がる収益は息子のものになりますが、息子が先に亡くなった場合には親が財産を管理していくことができるため、「嫁にとられてしまう」という心配はありません。同様のケースでは、贈与せずに親が委託者兼受託者となり、息子を受益者にするという方法を選んでもよいでしょう。

さらに受益者についてては、息子が亡くなった場合の次の受益者を設定しておけるため、「将来的にどんな事態が起きても準備万全」という状態を信託によって作り出すことが可能です。

被相続人の思いに関わる「どのように」という事項まで決めることができるのです。

このように資産を持つ人にとって、大変意味の大きい制度ですが、注意すべき点がひとつだけあります。

承継順位などを定めた「遺言代用信託」には、30年という有効期限が定められている、ということ。信託開始から30年経過後に最初に条件（死亡等）を満たしたときが、適用の期限となります。


〈ポイント〉
① 「遺言代用信託」は「遺言信託」とはまったく別物で、「思い」を承継できる。
② 自身の死後についても承継者を決めておけるので、直系血族以外に財産が移転すること

[図18] 遺言代用信託の仕組み

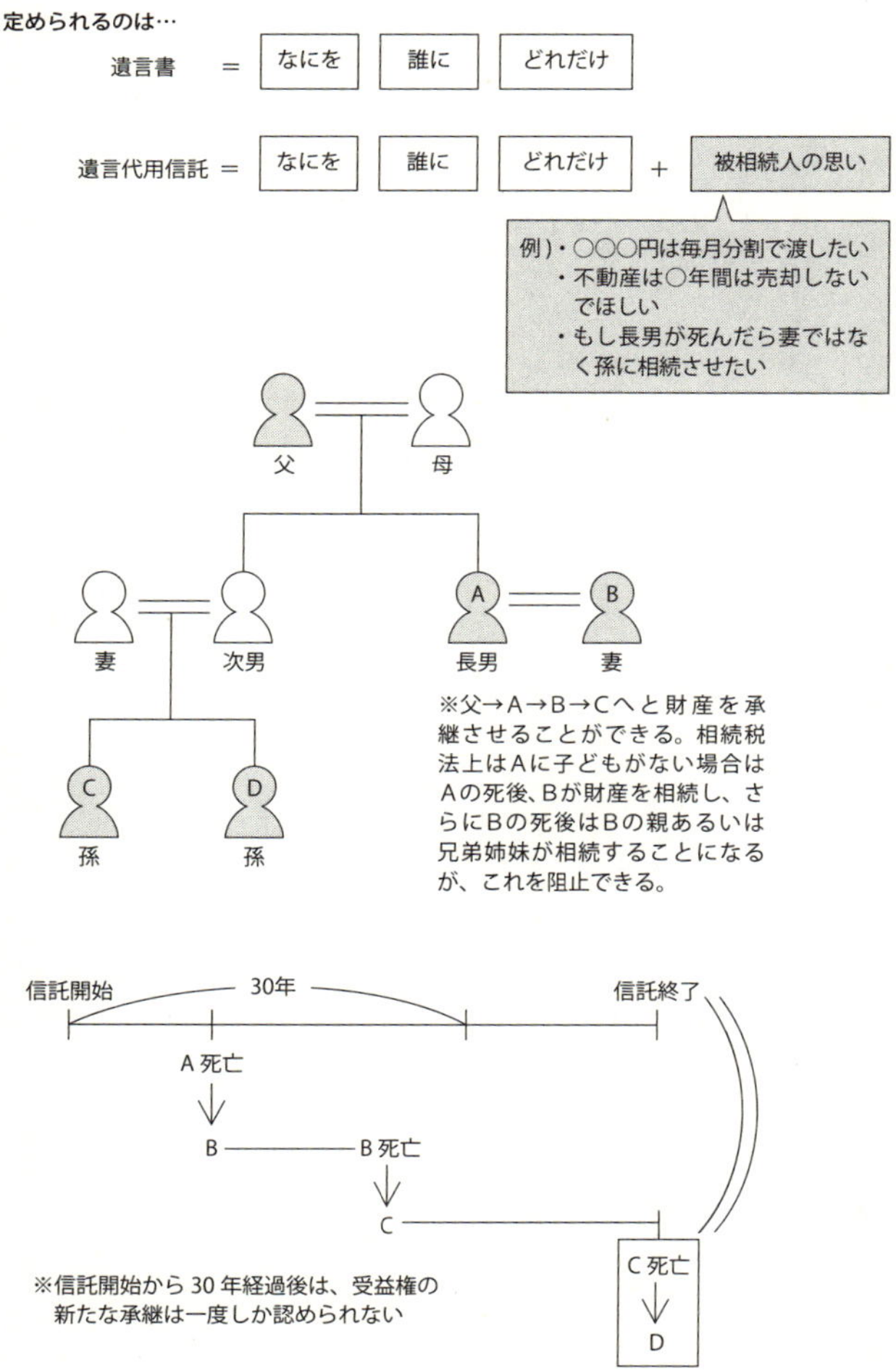
定められるのは…
遺言書　＝
なにを
誰に
どれだけ
遺言代用信託　＝
なにを
誰に
どれだけ
＋
被相続人の思い
例)・○○○円は毎月分割で渡したい
・不動産は○年間は売却しないでほしい
・もし長男が死んだら妻ではなく孫に相続させたい
父
母
妻
次男
A
長男
B
妻
C
孫
D
孫
※父→A→B→Cへと財産を承継させることができる。相続税法上はAに子どもがない場合はAの死後、Bが財産を相続し、さらにBの死後はBの親あるいは兄弟姉妹が相続することになるが、これを阻止できる。
信託開始
30年
信託終了
A死亡
B
B死亡
C
C死亡
D
※信託開始から30年経過後は、受益権の新たな承継は一度しか認められない

を防げる。

【ケース2】
相続人の合意のもと父に遺言書を書いてもらったが、後日父が一人で書き直さないか不安。

遺言書は、何度でも書き直すことができます。たとえそれが親族全員の同意のもとに作成されたものであっても、お父様の意思ひとつで書き直せるのです。それが遺言書の限界、といえるかもしれません。

そこで遺言書の代わりに「遺言代用信託」を活用すれば、この不安はなくなります。信託契約書で、「委託者である父は契約内容を変更できない」と定めておけばよいのです。

ケース2のような場合は、お父様に自らを委託者兼受益者とする遺言代用信託契約を結んでもらうとよいでしょう。

その中に「契約内容を変更できない」という規定を盛り込んでもらえば、相続人となるはずの人たちは「いざ遺言書を開封してみたら、まったく思惑とは違っているのでは……」などという不安から解放されます。

さらに信託を利用することで財産の所有権は受託者に移転されているので（不動産であれば受託者名義に登記されています）、相続が発生した際には、受益者を変更するだけの手続きで、財産から上がる利益を相続人が受け取れるようになります。

これが遺言書による相続であれば、完了するまでには多くの手続きを踏まなければなりません。公正証書遺言以外では、裁判所の検認が必要です。

手続き的にも面倒ですし、紛失や偽造、書式の不備などさまざまな問題が起きる危険性も無視できません。

一方、信託の受益者変更は、相続発生後すぐに手続きができるので、安心感があります。

〈ポイント〉

① 遺言書では書き直しが何度でもできるが、遺言代用信託では、変更できないようにすることが可能。

② 相続発生後の手続きがすぐにできる。

[図 19] 遺言書と遺言代用信託の違い

	遺言書	遺言代用信託
作成者	遺言者	委託者（遺言者）と受託者→一人では書けない
効力発生の時期	遺言者の死亡時	信託契約締結時→生前から効果が発揮できる
内容の変更	遺言者はいつでも可	原則として委託者・受託者・受益者の合意が必要→一人では書き直しできない
相続人の次の相続人への指定	不可	遺言者の死後まで財産の継承を指定することができる
受益権の分割	不可	財産そのものを共有するのではなく受益者を変更するのみなので分割も容易
手続きに要する時間	遺言執行・名義変更に時間がかかる（裁判所の検認が必要なこともある） 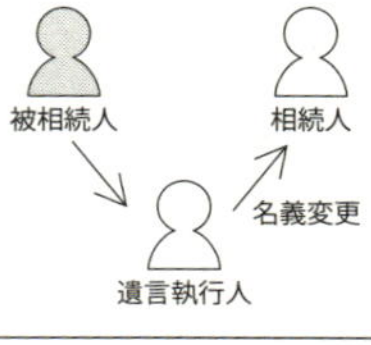	所有権は受託者であるため、受益者を変更するのみなのでスピーディ 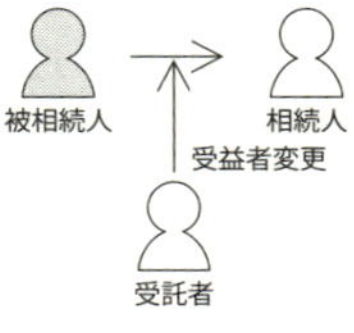

【ケース3】

孫に財産を生前贈与したいのですが、大きな財産をもらうと、孫がそれを当てにしてがんばらなくなるのではと心配。

孫に贈与したいが、多額の贈与をすることが孫にとっていいことなのか迷っている、というお話をよく耳にします。このような場合にも信託を活用することができます。

贈与契約は、贈る側、もらう側双方の合意が必要な「双務契約」ですから、贈る側だけの考えでは成立しません。必ず、もらう側の同意が必要となります。

これに対し、信託契約は、あくまでも信託の委託者と受託者の契約となります。孫は、利益を得る受益者となりますが、この信託契約書に「受益者に対して受益者となったことを通知しない」と定めることが可能です。

つまり、孫に贈与したことを伝えなくても、信託契約により孫が受益者となるので、実質的には財産を贈与することができるのです。

［図 20］ 贈与と信託の違い

（例）孫が生まれたとき、孫名義の預金通帳を作成。毎年 110 万円ずつ貯金をしてきた。15 年後、預金が 1,650 万円に達しているが、孫はこの預金の存在を知らない。

⇩

贈与

・贈与はもらう側の同意が必要
・贈与税法上、名義預金とされ贈与が否認される
・相続財産に加算されてしまう

信託

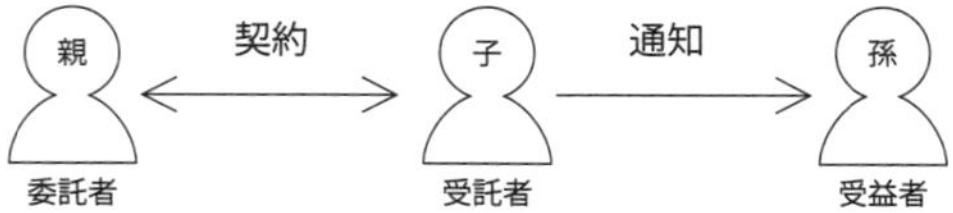

・原則は受託者が受益者に通知しなければならないが、契約で通知不要を定めることができる
（受益者が知らない場合であっても、贈与税の申告は必要。委託者が代わって申告することになる）

〈ポイント〉

① 信託を活用すれば、子どもに知らせずに財産を贈与することができる。

② 贈与した財産の管理・運営を、贈与後も引き続き親が行える。

【ケース4】

高齢の父に認知症の兆候が現れ始めており、財産を管理することが難しくなってきている。

高齢で認知症の兆候が見られるようになったら、一刻も早く対策を講じなければなりません。もし認知症が進行して、後見人を選任しなければならない状態になると、いろいろと面倒なことも起こってきます。

まず、後見人を誰にするのか、親族で決定しなければなりません。親族にするのか、弁護士等に依頼するのか、親族であれば具体的に誰を選ぶのか。親族間で意思の統一がはかれればまだよいのですが、統一がはかれない場合には、裁判所が後見人を決めることになります。

親族であっても第三者であっても、後見人は確実に財産の管理を行わなければなりません。

毎年、裁判所に財産の内容を報告する義務もあり、大変です。

後見人がつくと、それ以後の財産の処分は非常に不自由になります。基本的に後見人も裁判所も「被後見人のために使う」という前提がなければ、財産の処分には同意しません。

例のケースであれば、お父様が不動産や上場株式の売却を決めても、実際に完了するまでには大きな手間と時間がかかります。もちろん生前贈与を計画しても、裁判所の許可が必要になるため、実質的に実行は不可能となります。

こういう状態になる前に、信託を利用していれば、多くの問題を解決できます。

たとえば親族を受託者にして、お父様の財産を信託しておけば、実質的に親族が管理・運営をすることになります。

受益者もお父様にすれば（自益信託といいます）贈与にはなりませんから、贈与税もかかりません。もちろん処分したり、活用したりといったことも、受託者の判断で可能となります。

もし1人の受託者による決定や実行では不安がある場合には、受託者を複数にする、あるいは同族会社にしておくなどの手立てをとるとよいでしょう。信託契約書の中に、受託者が

［図 21］委託者・受益者が同一となる「自益信託」の仕組み

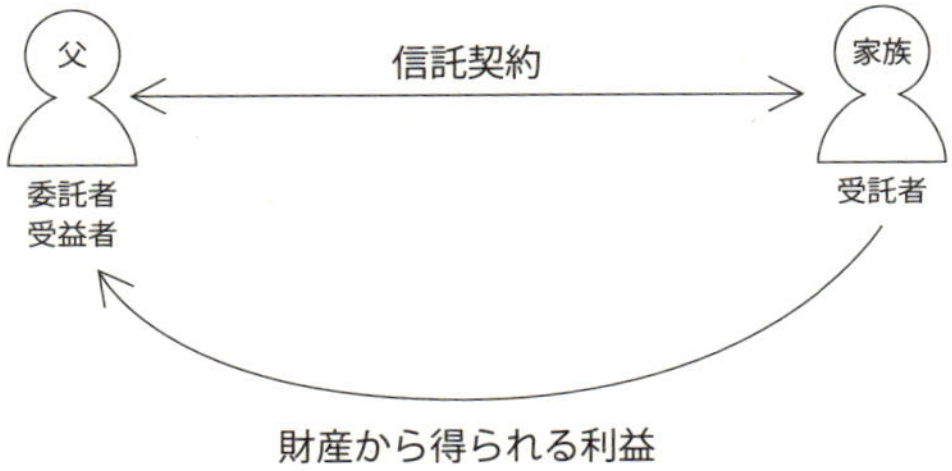

もし対策をしなければ

・父親に管理能力がなくなると、財産を騙しとられる可能性がある。
・後見人を選定しなければ、法律行為ができなくなるため、贈与・処分ができなくなる。
・相続財産は民法の規定による法定相続分で承継される。遺言書がなければ、法定相続分以外の承継はできない。

もし信託をしていれば

・受託者が財産の管理・運営・処分ができ、生前贈与も実行できる。
・30年先まで財産の承継者を定めておくことができる（ケース１参照）。

単独では決定・実行できない事項を定めておくこともできます。

認知症が進行して、将来後見人を選任することになったとしても、財産の管理について、後見人の同意を得る必要もありません。

また信託契約書の中で、お父様が亡くなったときには、誰を次の受益者とするかを決めておくことによって、遺言書としての役目を持たせることもできます。

このように非常に便利な信託ですが、お父様が認知症になってからでは利用できませんので、早めの決断が大切です。


〈ポイント〉

① 認知症などにより後見人がつくと、生前贈与や住宅取得資金の贈与などの相続税対策ができなくなってしまう。

② 本人の判断力がなくなったとしても、信託を活用することにより、生前贈与などの相続税対策を継続できる。

【ケース5】

長男、次男、長女と子どもが3人いるが、事業を営んでおり、相続財産のほとんどが自社株式であるため、遺産分割が難しい。

会社の経営者である父親は、後継者と考えている長男に株式を移譲したいが、相続財産のほとんどが株式であるため、次男や長女にも株式を相続させないと、不公平な分割となり、不幸な争いが起きかねない……第一章でも取り上げましたが、オーナー社長の相続では非常によくある心配事です。「争いを避けるために、自社株を兄弟姉妹にも公平に分けよう」と考えるオーナー社長もいらっしゃいます。

しかしながら実際に株式を後継者以外の相続人に承継させた場合には、さまざまな問題が発生します。株主には特有の権利があるためです。

・株主総会で意見を述べられる。
・会社の決算書や帳簿の閲覧を請求できる。
・役員の解任を求められる。

こういった権利を使って経営に口出しされるようになると、効率的な経営ができなくなってしまいます。

次男や長女に相続させる株式を「無議決権株式」に変更することも可能ですが、そのためには全株主の同意が必要です。また、そういった株式をもらっても、換金することはほとんど不可能ですから、次男、長女にとってはなんの価値もありません。

それにもかかわらず、相続税の納税資金を親から相続した預貯金から出せば、価値のある相続財産が減ることになり、次男や長女は大きな不満を感じるでしょう。

次男・長女に分配してもしなくても、後々大きなトラブルが生じるリスクは残ります。

そんなときは信託を利用して、問題の解決をはかってみましょう。

このケース5の場合であれば、後継者、もしくは会社を受託者として、次男や長女が相続する予定の株式を信託するのです。受益者はもちろん、株式を預ける次男や長女本人です。

この形式にすることで、「無議決権株式」に変更する場合、委託者（父）と受託者（長男）の同意があれば、他の株主の同意は不要となります。実質的には受託者となる長男が、すべての株式を保有しているのと同じように、会社の経営権を掌握できるようになるのです。

ただし、次男や長女にとっては支配権もなく、特に意味のない株式ですから、いずれは後継者か会社が買い取ってあげるべきでしょう。この方法は、他に相続させられる財産がない中、法定相続分に見合う財産を渡すための一時的な措置と考えるとよいかもしれません。

〈ポイント〉

① 自社株はできるだけ後継者以外の相続人に引き継がせない。

② やむを得ず後継者以外に引き継がせる場合には、信託を活用するなど、会社経営上の決定権を侵害しないよう工夫をする。

［図 22］ 株式を後継者以外の相続人が承継した場合の信託活用法

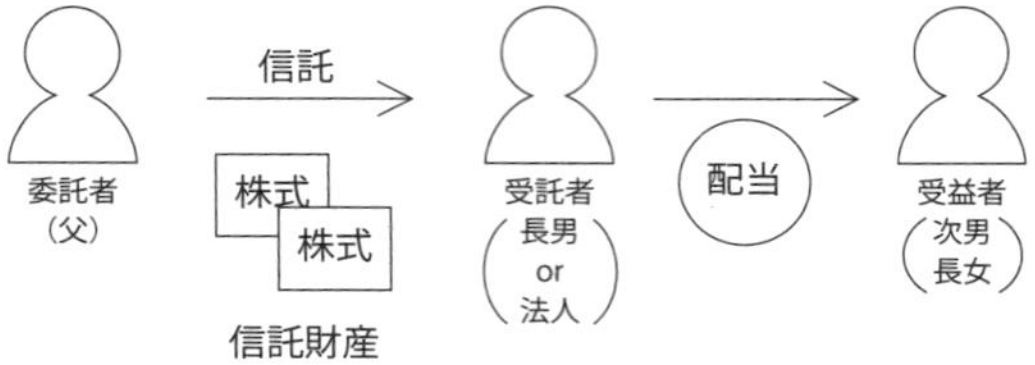

もし対策をしなければ

- 次男・長女が株主としての権利を主張できるので、長男が安心して会社を経営できない（権利：株主総会で意見を述べる・会社の決算書や帳簿の閲覧を請求する・役員の解任を求める等）。
- 次男・長女が承継する株式を無議決権株式に変更するには全株主の同意が必要。
- 自社株式は換金することが難しく、相続税評価額が高いため多額の相続税を支払うことになり、次男・長女が不満を持つ可能性がある。

信託をしていれば

- 実質的な株式の所有権が長男となるため、長男は安心して会社を経営できる。
- 無議決権株式に変更する場合、委託者と受託者の同意があれば、他の株主の同意は不要。
- 信託契約を締結したときに、株主名簿上、株主は委託者となる。その後、受益者の変更が行われても決算書等には表示されない。

【ケース6】
会社に多額の貸付金があるが、資金繰りから返済してもらうことができない。相続財産になってしまうので、相続税が心配。

会社への貸付金対策としては、ＤＥＳによる対策（１７２ページ）等いろいろな方法がありますが、貸付金を将来（次世代）的には返済してもらいたい、という場合には、信託を利用されることをおすすめいたします。

信託を利用することにより、相続税の節税にもなり、またその貸付金を巡って相続争いになるのを避けることも可能です。このスキームは賃貸用不動産についても活用できます。

まず、貸付金（会社にとっては借入金）相当額について会社が新たに私募債を発行します。その私募債をオーナー社長が引き受けます。次にその私募債を信託します。信託を利用すれば、財産の経済価値が所有権ではなく、受益権となります。受益権は、収益を受ける権利（収益受益権）と元本を受ける権利（元本受益権）に分離することができます（「受益権の複層化」といいます）。分離することにより、収益受益権だけを贈与する、あるいは元本受益

［図 23］

会社が私募債を発行する

私募債の発行条件
発行金額：２億円
期間：20 年
年利：５％

⇨

信託する

信託財産：私募債
委 託 者：社長
受 益 者：①収益受益権＝社長
　　　　　②元本受益権＝後継者
信託期間：20 年
収益受益権の利率：５％
その他：信託期間中は委託者が亡くなった場合、信託財産は元本受益権者に帰属する

権だけを贈与する、ということが可能となります。

通常の信託財産評価額は、相続税評価額と同額となります。しかし、それを分離した場合には、それぞれ収益受益権と元本受益権の評価額の合計額が相続税評価額となります。信託当初は収益受益権の評価額が高くなり、終了に近づくにつれ、元本受益権の評価額が高くなります。従って、元本受益権の評価額が低い時期に元本を後継者に贈与することにより、後継者に私募債そのものを低い価格で移転することができます（実質的には貸付金の贈与）。

[図24] 多額の貸付金における信託の活用法

受益権の複層化

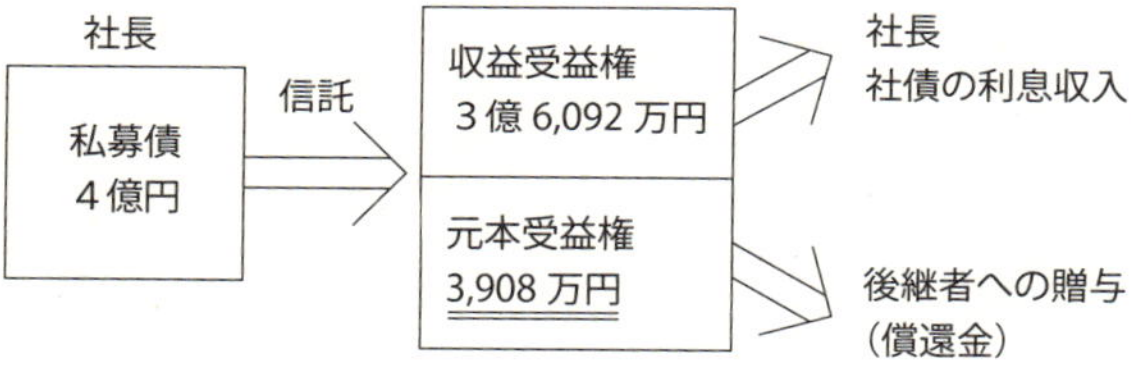

信託受益権の評価額

- 収益受益権の評価額＝将来収益受益権者が受け取る各年の利益の額を現在価値に割り戻した金額の合計額
- 元本受益権の評価額＝信託財産の価額－収益受益権の評価額

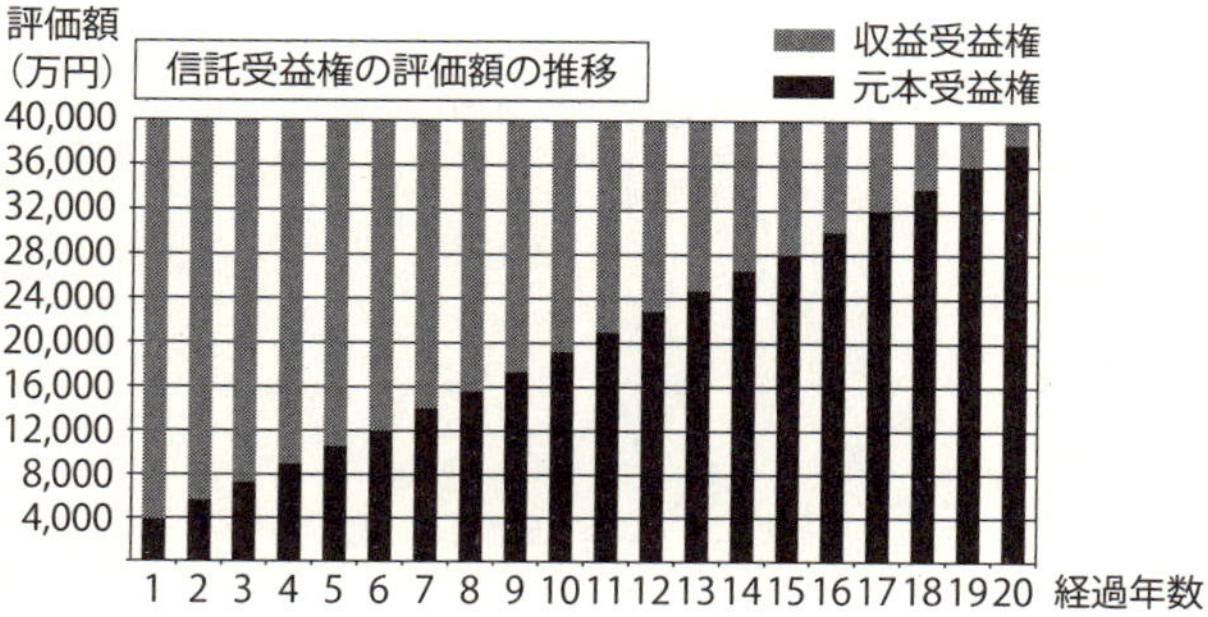

おわりに

「相続は財産を残す人の思いを託すもの」

私たちがさまざまな方からのご相談に乗る中で、もっとも大切にしている指針です。

人によってその思いはさまざまです。

先祖代々守られてきた土地をしっかり承継することで、長く子孫が幸せになれるよう願う方。自身が興した事業を後継者がさらに発展、拡大してくれることを夢見る方。

私たちの仕事は、そんなみなさんの思いがしっかり実現できるよう、お手伝いしていくことだと思っています。

ただ、そのためにはみなさんに、「相続の準備」というアクションを起こしていただく必要があります。

それもできるだけ早めに。なぜなら早ければ早いほど、できることは多く、その効果も大きいからです。

現役としてバリバリとお仕事をしているオーナー社長さんや地主さんたちは多忙ですから、

「相続のことなど考えている暇がない」あるいは「まだまだ先のこと」と認識している方が少なくありません。

しかしながらそれはたいていの場合、相続の危険性や対策としてできること、その効果などについて、あまり知識がないためでもあります。相続で発生する問題を身近に感じ、早くからしっかり計画を立てることで、ご自身が望んでおられる素晴らしい相続が実現できるとわかれば、多くの方が生前対策の重要性を認識されるでしょう。

ですから本書では、とくにトラブルを招きやすい不動産と自社株相続の例をご紹介した上で、実現可能な対策をなるべくたくさん挙げるようにしました。

そして早期対策に加え、実はもうひとつ、相続のことを考えるときに意識していただきたいことがあります。それは相続対策や事業承継に適した税理士を選ぶことです。

このように書くと、事業をやっている方はとくに、「顧問税理士がいるから大丈夫」と考えられるかもしれません。たしかに、普段から税務を任せている税理士さんなら、細かい説明なども要らず、便利なように思えます。

でもみなさんは、自身が顧問として頼りにされている税理士さんが、どんな分野を専門とする方かをご存じでしょうか？

税理士というひとつの資格を掲げて仕事をしているため、誤解されることが多いのですが、実は医師と同じく、税理士にも専門分野や得意・不得意があります。

たとえば、内科を専門とする町のお医者さんに心臓の手術を依頼することはないでしょう。それと同じく、相続や事業承継は税務の中でも特殊な分野ですので、さまざまな対策を成功させるためには、専門の知識と経験を持つ税理士が必要なのです。

個人でもあり事業主でもあるオーナー社長さんの相続問題を扱うなら、法人、個人、事業承継の税務について、詳しい知識が欠かせません。法人については事業のコンサルティングができるだけの知識量が要るでしょう。

不動産の相続を手伝う場合には、「どんな賃貸物件が人気なのか」など賃貸経営に関する知識や、最新の地価動向などについても、知っておく必要があります。

さらに、分業化が進む最近では、特定分野のプロを利用して、より高度な相続対策を進めることもあります。不動産鑑定士や弁護士などと横のつながりがある税理士を選べば選択肢がさらに増え、相続対策の完成度も高まりますから、そういった基準で税理士のことを考えてみてもよいでしょう。

ぜひ「何を専門にしているのか」をしっかりと把握した上で、選択してください。

最後になりますが、本書がみなさまの相続対策に少しでも役立ってくれることを心から願っています。

貝原富美子（かいばら ふみこ）

税理士。貝原会計事務所所長。１９７０年に事務所を設立し、大阪・京都・兵庫を中心に活動。豊富な税務知識と遺産分割・事業承継等の専門知識をもとに、顧客の資産を総合的に分析し、それぞれに適した資産分割・活用の提案を行っている。

澤田美智（さわだ みち）

税理士。貝原会計事務所副所長。相続・事業承継業務に携わり20年余り。中でも専門性の高い不動産・自社株などの案件を数多く手がけ、セミナー講師としても活躍。「信託」を利用した相続対策にも着手している。

経営者新書　１０１

家族と会社を守る「不動産」「自社株」の相続対策

二〇一四年三月二〇日　第一刷発行

著　者　貝原富美子・澤田美智
発行人　久保田貴幸
発行元　株式会社　幻冬舎メディアコンサルティング
〒一五一-〇〇五一　東京都渋谷区千駄ヶ谷四-九-七
電話〇三-五四一一-六四四〇（編集）
発売元　株式会社　幻冬舎
〒一五一-〇〇五一　東京都渋谷区千駄ヶ谷四-九-七
電話〇三-五四一一-六二二二（営業）
装　丁　幻冬舎メディアコンサルティング　デザイン室
印刷・製本　シナノ書籍印刷株式会社

検印廃止

Printed in Japan　ISBN 978-4-344-97027-4　C0233
幻冬舎メディアコンサルティングＨＰ　http://www.gentosha-mc.com/